经典经济学轻松读

凡勃伦：凡勃伦效应

[韩] 金贤洙 著
[韩] 尹炳哲 绘
滕 飞 译

中国科学技术出版社
·北京·

Veblen's Effect
©2022 Jaeum & Moeum Publishing Co.,LTD.
[주]자음과모음
Devised and produced by Jaeum & Moeum Publishing Co.,LTD., 325-20,
Hoedong-gil, Paju-si, Gyeonggi-do, 10881 Republic of Korea
Chinese Simplified Character rights arranged through Media Solutions Ltd Tokyo
Japan email:info@mediasolutions.jp in conjunction with CCA Beijing China
北京市版权局著作权合同登记 图字：01-2022-1606。

图书在版编目（CIP）数据

凡勃伦：凡勃伦效应 /（韩）金贤洙著；（韩）尹炳哲绘；滕飞译. -- 北京：中国科学技术出版社，2023.8

书名原文：Veblen's Effect

ISBN 978-7-5236-0236-2

Ⅰ.①凡… Ⅱ.①金…②尹…③滕… Ⅲ.①凡勃伦—经济思想 Ⅳ.① F091.349

中国国家版本馆 CIP 数据核字（2023）第 100963 号

策划编辑	申永刚　杨　硕	**封面设计**	创研设
责任编辑	杜凡如	**责任校对**	张晓莉
版式设计	蚂蚁设计	**责任印制**	李晓霖

出　　版	中国科学技术出版社
发　　行	中国科学技术出版社有限公司发行部
地　　址	北京市海淀区中关村南大街 16 号
邮　　编	100081
发行电话	010-62173865
传　　真	010-62173081
网　　址	http://www.cspbooks.com.cn

开　　本	787mm×1092mm　1/32
字　　数	74 千字
印　　张	7.25
版　　次	2023 年 8 月第 1 版
印　　次	2023 年 8 月第 1 次印刷
印　　刷	大厂回族自治县彩虹印刷有限公司
书　　号	ISBN 978-7-5236-0236-2 / F・1158
定　　价	59.00 元

（凡购买本社图书，如有缺页、倒页、脱页者，本社发行部负责调换）

序言

美国金融企业想要获得短期利益的欲望最终引发了2008年美国的金融危机。在经历了2004—2006年的房价飙升后,美国消费者普遍希望通过贷款买房。由于抵押贷款的利息比其他金融理财产品的利息高得多,金融公司无论是对信用等级良好(一级)的人,还是信用等级不达标(次级)的人都乐于提供住房贷款(家庭住宅贷款)。购房者通过背负高额利息换取了巨额贷款。然而,银行却不考虑购房者是否有能力偿还贷款，甚至有时还会伪造必要的文书，从而向购房者提供贷款。随着由抵押贷款组成的理财产品卖得越多，产品利率就越高，但是，房价却发生了暴跌。因此，许多消费者因为无法承受巨额贷款而债台高筑，最终他们不得不低价出售房子导致破产，而很多银行也存在着破产的风险。然而，获得高额利息的金融企业家们却已经积累了巨额的财富，并且这些金融企业家们也无须对正处于危机中的公司或是社会负责任。

在发生了这一系列的事件后，美国的经济学家们是怎么做的呢？即使在2008年金融危机发生之前，像哈佛、耶鲁这种名校的经济学教授仍然主张："美国经济没有任何问题"。至于其他人对次贷产品盲目销售的忧虑，主流经济学家们异口同声地说：“市场原理会为我们解决一切问题的，次贷产品的需求和供给仅由市场原理决定。”

即使在美国人民以低价出售房子，面临着流落街头的危机时，主流经济学家们仍在坐等市场原理解决问题。

但是，在这本书的主人公托斯丹·邦德·凡勃伦（Thorstein Bunde Veblen）所生活的19世纪后半期的美国，也发生了类似的事情。在当时，曾经以农业为基础的美国在不过20～30年就以惊人的速度蜕变成了以工业为主的国家。然而，以工业为主导的企业并没有通过公平的竞争来使企业壮大。反而，这些企业家们通过各种游说和对政治资金的支援等获得了对工业的主导权，并且致力于降低劳动者的工资。在美国成长为工业国家的过程中，企业强迫农民做出了巨大的牺牲。在农民面临破产的背景下，石油、钢铁以及铁路公司却统治了工业行业。企业通过不正当的手段来积累财富，劳动者和农民以及大多数的国民却面临着更加贫穷的窘境。

尽管如此，当时的经济学家们却对这种社会问题置若罔闻，他们和21世纪的主流经济学家们如出一辙地说道：

"资本家不过是在追求各自的利益而已，而市场原理会解决一切问题的。"

然而，在凡勃伦眼里，这一切都是如此的荒唐。在他看来，企业家们并不是在进行合理的企业活动，而是为了积累个人财富失去理性又野蛮地进行企业活动。

"资本家的利益和社会全体的利益无关，资本家追求自己的利益的行为反而会妨碍产业的发展。"

凡勃伦认为：现代的资本家属于从原始时代延续至今的特权阶层，即有闲阶级。此外，凡勃伦还分析了有闲阶级的野蛮性，并详细说明了他们所传播的炫耀性消费习惯是如何成为大众习惯的。

尽管在以前，许多经济学家并不认同凡勃伦的理论。但是，在一百年后的今天，凡勃伦的理论却再次受到了大众的瞩目。这是因为凡勃伦在19世纪后半期到20世纪初发表的对资本主义市场经济的分析和展望，同今天的经济状况具有密切的联系。

凡勃伦反对将经济视为脱离现实的独立学

问。因为经济学与历史现实、政治状况、社会文化制度都有所关联。凡勃伦希望能像人类学家那样,通过观察社会整体来研究经济这门学科,在对经济、制度、人类的心理进行说明之后,再分析经济活动。

我会尽可能地向大家以简单又清晰的方式,介绍"思想怪异"的凡勃伦的经济理论。

金贤洙

独家访谈 | 托斯丹·邦德·凡勃伦

"打破资本家的神话"

大家好,我是本书记者,今天我们即将与提出炫耀性消费理论的凡勃伦教授见面。尽管凡勃伦的观点为分析21世纪的社会现象提供了方向,但生活在美国19世纪末的凡勃伦并没有被当时的主流经济学家所认可。然而,凡勃伦在今天却成了更引人关注的人物。那么让我们直接先来听一听老师的个人生平和当时的社会环境吧。

您好，凡勃伦教授。首先，请您做一个简单的自我介绍吧。

凡勃伦：我是一位生活在19世纪后半叶到20世纪初的经济学家。我在1884年取得了耶鲁大学的哲学博士学位。但是，我所关心的领域却是经济学。1891年至1892年，我在康奈尔大学学习政治经济学。自此之后，到1906年为止，我任教于芝加哥大学，并在此期间进行授课和学术创作，还担任了《政治经济学》杂志的编辑，我为人所知的著作是《有闲阶级论》（*The Theory of the Leisure Class*）。这本书主要讲述了从原始社会到现代社会非生产特权阶级——有闲阶级的历史特征。这本书还分析了有闲阶级的炫耀性消费的心理。这本书的发表让我在一夜之间突然变成了声名远播的学者，并受到了许多关注，得到了来自学术界的认可。在那之后，我还发表了《企业论》(Theory of Business Enterprise)、《近代缺席所有权和企业结构：以美国为例》(Absentee Ownership and Business Enterprise in Recent Times : The case of America)等著作。因此，我被称为分析现代资本并预见未来的学者。

记者： 除了《有闲阶级论》之外，您还发表了许多关于经济的理论。但是，为什么一些经济学家将您称作"经济学的异类"呢？

凡勃伦： 在我作为学者活动的20世纪初，经济学界被新古典学派经济学家所主导，他们继承了亚当·斯密（Adam Smith）的古典经济学。比如，马歇尔（Marshall）、克拉克（Clark）等学者就属于这一学派。他们认为市场会根据原有的原理运作，而资本家追求利润的行为对社会整体是有利的。

但是，我却反对这种主流经济学者的理论。我认为资本家追求利润的行为不仅不会对社会有利，甚至会阻碍生产发展，因为这仅仅是追求自身利益的行为。并且我认为，现代资本家就像过去的有闲阶级一样，他们为了展示自身的财力而投入到盲目的攀比中。我在《有闲阶级论》一书中详细地描写了不进行生产活动的有闲阶级，他们为了展示自身的特别感，而热衷于进行炫耀性消费的行为。上流阶层无比重视的礼仪法则，不过是为了使自己区别于

其他阶级而做出的矫饰性行为而已。

我在社会文化层面上批判了上流阶层；从经济学层面分析了他们对社会没有任何贡献的事实。因此，在主流经济学家的眼里我就像一个异类一样，在当时发表着主流经济理论的他们眼中，我只是一个挑剔的经济学家。

记者： 原来如此，老师，您当时应该受到了很多主流经济学家的冷眼吧？但是，听说老师对批判企业家的理论十分感兴趣，这是为什么呢？

凡勃伦： 其实也没什么特别的理由。是我在美国的现实生活和过去的所见所闻让我产生了这样的想法。更主要的是我当时的现实生活与新古典经济学家的主张是完全相反的。

在我所生活的19世纪末被称为美国的繁荣时代，当时的美国在不过20～30年就从以农业为基础的国家变成了以工业为主的国家。但是，主导工业的企业却支付给劳动者低廉的薪水，并为了勾结政界倾注了许多的游说资金。最终，许多企业获得了在市场中的垄断地位。在此过程中，美国的农民们付出了巨大的牺

牲。在1890—1894年，堪萨斯州超过11000个被抵押的农场被胡乱处置。以

抵押
指把不动产或动产作为债务的担保。

农民的破产为代价，石油、钢铁和铁路公司支配了工业产业，这些公司变本加厉地垄断了市场。在20世纪初，美国市场中的企业不是自由竞争的企业，而是在市场上具有强大垄断实力的企业。然而，农民、劳动者、技术人员等大多数美国人的生活却并不富裕。

当时的社会现实与"企业家的利益就是社会的利益"的主张完全不同，我无法理解这种把经济学和现实分离开来的主张。我认为，应该分析现实，并且将经济理论和现实联系起来。

记者： 原来如此。此外，我还很好奇老师

您个人的经历。听说老师您父母的故乡是挪威，并且您的家人在定居美国之前吃了许多苦。还请老师您为我们讲述一下您成长的经历。

凡勃伦：1857年，我出生在美国威斯康星州的一个农场里。我的父母托马斯·安德斯·凡勃伦（Thomas Anders Veblen）和卡里·邦德·凡勃伦（Kari Nader Veblen）出生在挪威一个贫穷的农夫家里。为了开辟新的生活，在我出生前10年，我的父母从挪威来到了美国。然而，对于我的父母来说，在美国生存下去并不是一件容易的事情。他们曾经遭受了土地投机者的诈骗，因此要向银行支付高额贷款利息，他们后来还遇到了荒唐的法律辩护人等一系列麻烦事。我的父母经历了想要在美国定居的移民们所经历过的所有痛苦,但是,他们最终克服了所有的困难,并凭借着勤劳和节俭,建造了一个小农场。父亲为了从放高利贷者、律师、投机者等骗子手中保护家人和邻居,组成了挪威移民同胞联盟,并成了守护这些移民者的领导者。

但是,父亲和其他挪威移民者的想法不同,父亲并不希望我和哥哥们未来成为农民,而是希望我们可以去上大学。后来,父亲不断壮大农场的规模,并攒钱送我们进入了大学。

就这样,我离开了17年里一直一同生活的挪威移民者同胞们,去卡尔顿学院(Carleton College)求学。奇妙的是,在过去的17年期间,我几乎不使用英语,后来却突然被抛入了美国文化之中。

记者： 您的大学生活怎么样呢？

凡勃伦： 对我来讲，那里真的很不适合我，卡尔顿学院是一个彻头彻尾的基督教学校甚至完全不允许异性交往。卡尔顿学院主要以教授哲学和宗教为主。尽管卡尔顿学院会设置英文课程，但是课程中却几乎不涉及美国史。结果，我几乎没有记住在大学里学过的知识。反而是随意阅读的书籍充实了我的知识体系。

但是，大学生活也并不都是那么无趣，对我来说，那段时间充分发掘了我的"非主流"潜力。我曾经向强调禁欲生活的教授们提交了《庆典请愿书》，并且在强调禁止饮酒的教授和学生面前，愉快地朗读了《酒鬼的辩解》。因此我也成了学校里面的知名人士。所有的学生和教授每天都在祈祷我有一天可以"回头是岸"。

最重要的是，在这个时期我遇到了一个女孩并和她坠入了爱河。她就是卡尔顿学院校长的侄女艾伦·洛尔芙（Ellen Rolfe）。在卡尔顿学院，洛尔芙是我的朋友和恋人，她理解我荒唐的想法和行为。更令人兴奋的是，几年后我就和艾伦结婚了。

记者： 老师，您是如何和经济学结缘的呢？

凡勃伦： 我第一个取得的学位是哲学博士学位。在耶鲁大学，我的专业是哲学。在我上大学的时候，哲学仍然属于神学的范畴，我受业于威廉·格雷厄姆·萨姆纳（William Graham Sumner）老师。萨姆纳先生是站在科学和进化论的立场上分析宗教的人。在萨姆纳先生的努力下,耶鲁大学的课程从以神学为主,开始向更科学的内容转变。当然,这是我离开耶鲁以后的事情了。虽然我在耶鲁获得了学位,但是很难得到教授的职位。我回家之后,我的兄弟们在农场干活,而我每天无所事事,便在这期间读了很多书,而后和艾伦结婚了。经过7年的彷徨后,我选择去康奈尔大学攻读经济学。并且,在认可我能力的劳克林(Laughlin)老师的推荐下,我获得了芝加哥大学的教学职员工作。在这里,我分别和约翰·杜威(John Dewey)、威廉·托马斯(William Thomas)在哲学和社会学方面展开交流,并且受到了许多启发。在这

> **约翰·杜威**
> 确立了实用主义和工具主义的美国哲学家、教育学家。
>
> **威廉·托马斯**
> 美国社会学家。威廉·托马斯主张:人们不是对事物的客观特征做出反应,而是对当时情况下事物所具备的意义做出反应。

里，我还担任了《政治经济学》杂志的编辑，并且我以此为契机，写了许多文章。随着1899年我发表了《有闲阶级论》之后，我开始被社会认可是一名学者。

记者： 如今老师，您的炫耀性消费理论以及有闲阶级的缺席所有论再次受到了关注，对此您怎么看？

凡勃伦： 这很令人欣慰，在当时，我发表金融资本支配市场的经济主张时，人们对此尚且很难理解。但是，在进入21世纪后，随着金融市场受到了人们更多关注，人们也变得更加关注我的理论了。

我听说，我对于炫耀性消费的主张，不仅成为经济学家、社会学家、心理学家的研究对象，而且在理论上也得到了更大的发展。最具代表性的是，皮埃尔·布尔迪厄（Pierre Bourdieu）将我对上流社会炫耀性消费的理论延展到了社会心理学领域，并发表了《区分》（*The Distinction*），让·鲍德里亚（Jean Baudrillard）发表了消费行为具备一个社会规范体系的《消费社会》（*La société de Consommation*）等。他们的理论指出了当今以消费为中心的社会所存在的问题，从这一点来看，他们的观点和我的理论一脉相承。

在我所生活的年代，我研究了炫耀性消费

> **皮埃尔·布尔迪厄**
> 将社会学视为是"从结构和功能层面记述的学问"，是一名批评新自由主义者，并主张泛世界知识分子联合的必要性。

> **让·鲍德里亚**
> 法国哲学家、社会学家。以大众和大众文化、媒体和消费社会理论而闻名。把现代社会称为消费社会，主张现代人不考虑所生产的物品的功能，而是更注重通过商品可以获得的威望和权威，即消费嗜好。

和有闲阶级论以及资本家不正当拥有财富的现象，并发表了相关理论。并且，在研究这些理论时，我最想强调的是经济并不是依靠独立的原则运转，而是与社会政治文化相互关联而运作。这就是当时主张经济独立原理的主流经济学家和我最大的不同之处。

如今，有很多经济学家们将政治、社会文化与经济相关联进行研究，这一点让我感到非常高兴。因为在人类的整体生活中，只有了解经济才能明确未来的方向。

记者：谢谢凡勃伦教授。

以上就是本书记者的采访。下面，让我们对消费做进一步了解吧。

目录

第一章　行动不合理的消费者 / 1
价格昂贵才能得到认可 / 3
新古典派经济学家的主张 / 7
"这山望着那山高"的消费者心理 / 11
莫泊桑（Maupassant）《项链》（*The Necklace*）/ 16
现代的炫耀性消费下产生的奢侈品 / 23
如何确定商品的价格 / 29
垄断性市场多于完全竞争市场 / 35
企业的掠夺本能造就垄断市场 / 42
扩展知识丨我为什么要烧掉路易威登 / 47

第二章　我们为什么想成为富人 / 53
什么是有闲阶级 / 55
原始社会的有闲阶级是猎人 / 59
有闲阶级制度扎根的野蛮经济时代 / 64
私有财产制度不是生存斗争的结果 / 67
有闲阶级的财产炫耀竞争 / 71
竞相举办炫耀性宴会的有闲阶级 / 74
即使不工作，也可以填饱肚子的贵族 / 77
追赶有闲阶级的普通人 / 82

第三章　女性是炫耀性消费的主犯吗 / 89
女性属于有闲阶级吗 / 91

从作为有闲阶级出生的女性免于劳动开始 / 93
通过妻子来炫耀自身的有闲阶级 / 99
上流阶层女性,现代社会炫耀消费的代理人 / 102
中产阶级的女性为什么会进行炫耀性消费呢 / 105
中产阶级为什么无法摆脱炫耀性消费 / 109
扩展知识丨轿车老板 / 114

第四章　企业家的利益和社会的利益 / 119
企业家追求利润的行为是否有益于社会发展 / 121
营利活动和产业活动是不同的 / 127
金钱至上的企业家 / 131
所有权如何实现正当化 / 141
英国的圈地运动 / 144
左右生产力的关键是产业技术的发展状态 / 151
产业技术状态是人类的共同资源 / 158
资本家是如何赚钱的 / 162
扩展知识丨暴涨的油价背后隐藏着资本的贪欲 / 168

第五章　有闲阶级会永远存在吗 / 175
压制产业效率性的资本家 / 177
售卖公司的形象 / 183
阻挡社会进化的有闲阶级 / 189

结语　对富人的羡慕,被冷落的大多数人 / 197

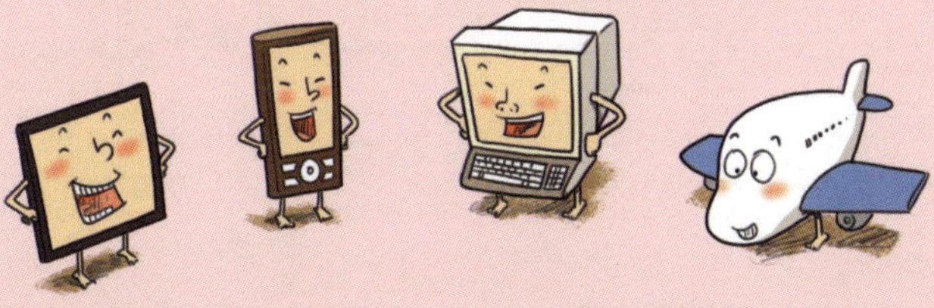

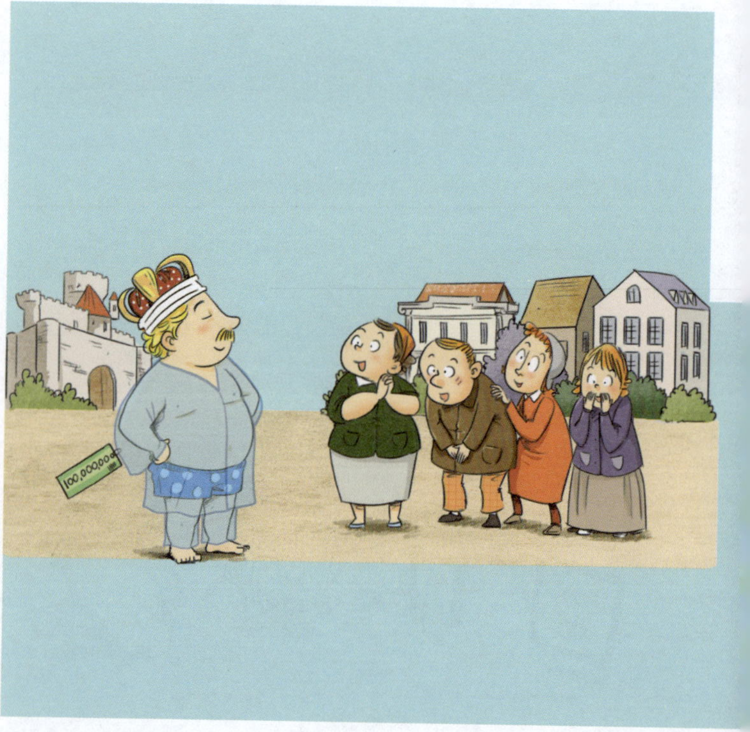
100,000,000

第一章

行动不合理的消费者

我们每个人都需要购买生活必需品,但是,我们并不会只为了填饱肚子而购买食物,或是只为了保护身体而购买衣服。这是因为消费者的表面需求与实际的心理满足存在差异所导致的。那么,消费者购买商品的心理是由什么决定的呢?让我们来了解一下吧。

价格昂贵才能得到认可

大家知道什么是消费吗?想必大家都会做出肯定的回答。这是因为在现代社会下,如果不消费就无法存活。像是食物、衣服、学习用品、乘坐的车以及居住的房子等生活必需用品都需要支付一定数量的金钱,即进行消费行为才可以购买。因此,我们消费的原因是"有所需求"。

无论是谁,都会购买需要的商品进行消

费。因为需要填饱肚子，所以购买食物；因为需要抵御严寒或者遮蔽身体，所以需要购买衣服。但是，我们并不只是为了填饱肚子而购买食物，也并不只是为了保护身体而购买衣服。也就是说，如果购买食物只是为了填饱饥饿的肚子，那么就没有必要在和朋友出去吃饭之前提前搜索有名的餐厅，也不会缠着父母给自己买流行的衣服。像这样，在有名的餐厅进餐的欲望、想买最新款衣服的欲望与"想吃东西""想保护身体的欲望"是稍有不同的。

对此，大家可能会说：

"人和动物不同。人类有个人喜好，并不是单纯为了满足想吃的本能而吃，也不是单纯地为了保护身体而购买衣服。由于个人对饮食和服装的喜好不同，填饱肚子的方法也是多种多样的，喜欢的服装也是千差万别，所以人类自然就会根据自己的喜好进行消费。"

但是我的想法略有不同。如果只是根据每个人的独特喜好进行消费，那么冬天就不会有那么多的青少年们想要购买北面①夹克了，也不会有那么多的女性想要购买路易威登的名牌包了吧。不仅如此，大部分男性也不会想要购买宝马汽车或奔驰汽车了。

那么，为什么这么多人都想要拥有北面夹克、路易威登包包或是宝马汽车呢？是因为它们优秀的设计还是因为卓越的工艺呢？抑或是明显区别于其他商品的质量？当然，前提是产品质量要得到保证，试想如果比普通公司职员

---

① 北面：一家美国的户外运动产品公司，生产服装、鞋类和户外设备。——编者注

一个月的工资还要贵的名牌包很容易损坏或变形的话，那就太离谱了。但是，即使是由工匠精心制作出来的名牌包，人们也很难接受其功能和质量具有数百万韩元[①]的价值。

在凡勃伦看来，以上商品的共同点就是昂

[①] 韩元：1元人民币≈185.90韩元（按2023年汇率）。——编者注

贵。然而，这些商品并不是由于质量好所以价格昂贵，而是由于价格昂贵使得其价值受到了认可。也就是说，这种昂贵的共同点使得任何人都想拥有这些产品。

新古典派经济学家的主张

有许多人认为凡勃伦的主张"只有价格高，商品的价值才能得到认可"是荒谬的。在凡勃伦所生活的20世纪20年代，在美国也有许多经济学家嘲笑他的主张，这其中具有代表性的就是新古典派经济学派的学者们，他们是将亚当·斯密的"看不见的手""市场原理"视为经典并在此基础上补充新理论的经济学家。他们对古典经济学家"商品价

效用
　　指满足人类欲望的消费能力或通过消费商品而获得的个人主观满足程度。

格由调节需求和供给的市场原理所决定"的理论进行了补充，最终得到了效用原理。但是，凡勃伦却主张"企业把商品的价格定得越高，消费者就越想拥有这件商品。"这算是对新古典学派主张的一种攻击。

我们先来看一看与凡勃伦观点不同的新古典学派经济学家对价格的主张吧。

人们消费的目的是获得心理上的满足感。其心理满足感叫作"效用（utility）"。消费者朝着该效用增大的方向进行消费行为。但是，消费者为了同样的心理满足感以及效用，可以选择多种商品进行消费。在炎热的夏天，小明为了解渴可以买冰激凌吃，也可以选择买冰沙吃。如果小明选择买一杯冰激凌吃，那么小明吃的第一勺冰激凌的效用和第十勺的冰激凌的效用是不可能相同的。吃第一勺的时候，随着冰激凌融化，由冰激凌带来的凉爽和甜蜜的心理满足感在反复的行为中逐渐减少。随着一个产品的反复消费，"效用"就越来越低。

像这样，小明每次吃冰激凌时，能得到多少附加的效用就是"边际效用"。因为不存在比第一次消费时更高的效用，所以效用具有"局限性"。如果仅购买0.1升的冰激凌，小明便可以追求最大的效用。而购买0.4升冰激凌的价格为4000韩元，那么，即使在这0.4升冰激凌中，最后0.1升冰激凌可以获得的边际效用，仅为500韩元；但是，如果这500韩元比购买0.4升冰沙时的边际效用大，小明也会选择购买0.4升冰激凌。

消费者通过比较自己支付的费用和自己能

够获得的边际效用来选择财物。在此过程中，我们发现一个重要的市场原理——需求法则，也就是说，"销售的量越多，边际效用就越小，所以价格就应该越低。价格下降的话，边际效用上升，需求增加；价格上升的话，边际效用降低，需求减少"。此外，需求法则成立的条件是可以比较两种以上商品所具有的边际效用价值。例如，通过不断比较购买A商品支出的10000韩元和购买B商品支出的10000韩元中，哪一方能给予消费者更大的满足，才使得需求法则可以成立。

> 如果商品的价格上涨，需求量就会减少。像这样，价格和需求量之间出现的逆向关系被称为需求法则。

因此新古典学派经济学家们认为：需求由消费者在商品中可以获得的边际效用所决定，

并且对市场中的商品价格产生影响。

"这山望着那山高"的消费者心理

新古典派经济学家的边际效用论存在的最大问题是将消费者的消费活动看作孤立的个人活动。也就是说，边际效用是判断一个人以规定的收入消费什么产品时会得到最大的效用。但是，在现实生活中，消费者不会孤立地判断自己所购买商品的价值，自己购买商品得到的满足感并不是仅依靠个人的感觉来判断的，而是不断与其他消费者的满足度进行比较，比较的结果对自己的满足感也会产生很大的影响。

> 经济主体也会影响他人的选择和活动。这就是消费的波及效果。

假设你现在要买一条牛仔裤。在商场中著名的品牌专卖店中一条由模特穿着的新款牛仔裤非常显眼，价格是20万韩元。而去商场对面的打折卖场购物的话，虽然商品已经过时，但是弹性非常好，质感也不错的名牌牛仔裤可以便宜30%的价格，即可以用14万韩元的价格购入。然而，如果在服装批发市场购买，也可以用7万韩元的价格买到与知名品牌牛仔裤相比也毫不逊色的牛仔裤。

按照新古典派经济学家的主张，根据边际效用，大家应该会选择服装批发市场的牛仔裤。因为服装批发市场卖的牛仔裤价格中不含有广告营销的费用，并且质量也还不错，所以在比较三个卖场商品的质量和价格后，消费者选择服装批发市场中的牛仔裤也在情理之中。

但是，如果经济条件允许的话，大家会

更倾向于购买商场里陈列的新品。这是因为我们在选择牛仔裤时，不一定只考虑相对于价格与商品质量所带来的效用。这是因为知名品牌的牛仔裤通过打广告而更广为人知，进而能够给我们带来心理上的满足感，而这种心理满足感不是根据单独个人的判断，而是通过与其他人的消费行为进行比较而决定的。因此即使价格稍微贵一点也想购买更加高级的牛仔裤的消费者心理是无法用边际效用法则来解释的。无论价格有多昂贵，还是想购买昨天新上市的最新款智能手机；即使12个月的分期付款尚未还清，但也还是想要购买新上市的汽车。这种种强烈的消费欲望，都无法用边际效用理论来说明，因此，一件商品即使价格昂贵，只要拥有相应的价值，消费者也会愿意购买。这种购买欲望和实际满足不同,是通过把自己拥有的商品和别人所拥有的商品相比较而形成的。

企业的广告可以很好地代表这种消费者心理。

"领先于任何人""只有您能享受的特权""表明您身份的公寓"。

这些广告全都体现着一个主旨:

> 消费的背后,有可能是自己不同于一般大众的傲慢,因此也被称为虚荣效应(Snob effect)。

"购买这个产品的你一定不是一般人。"

没有一个广告会去强调产品的机能和低廉的价格。在这个公寓里生活的你一定是一个特别的人;如果骑这款自行车,即使偶然和初恋相遇,也不会给对方留下小家子气的印象;如果使用这款手机就会变成为数不多的聪明人……总之,就是强调"你有别于他人"。当广告打动消费者时，无论新产品的价格有多高，都具有说服力。

各个企业利用各自的消费心理诱导消费者以更高的价格购买商品。企业与其努力以更低的价格销售与其他公司质量相似的产品，不如努力使自家质量相似的产品区别于其他产品，从而能够以更高的价格销售。

但是，为什么消费者会轻易被企业的广告所迷惑呢？那是因为消费者不合理的行动所导致的。消费者并不是根据边际效用来消费，而是不断地寻找并进行使自己区别于他人的消费行为，如果家庭经济条件允许的话，我们更倾向于购买昂贵的汽车。然而，这往往不是因为昂贵的汽车性能有多好，而是因为昂贵的汽车能够彰显自己的特别之处。我们在汽车广告中，也经常能够看到这种消费心理。汽车广告有时并不会强调车的机能或是安全性。最昂贵的公寓证明着一个家庭的财富能力、用最新型的智能手机彰显着你的性格，这样的广告内容我们已经见怪不怪。人们往往不是因为质量好才想要拥有一件昂贵的商品，而是因为它可以炫耀自己的能力才想拥有。

下面我为大家来讲述一个想要展示自己的炫耀心理的故事吧。

莫泊桑（Maupassant）《项链》（*The Necklace*）

玛蒂尔德（Mathilde）出生于一个法国下级官员的家庭，尽管玛蒂尔德出生在贫穷的家庭，但是她却拥有着美丽的外貌，从小就吸引着人们的视线。她成长为一个与其美丽的外表相符的气质优雅的女人。

虽然玛蒂尔德拥有着美丽的外貌，但是，她最终也只能嫁给和父亲一样的小公务员，对此玛蒂尔德并不满足，每当玛蒂尔德照镜子时就会叹气：

"哎，我拥有着这么漂亮的脸蛋，却要在简陋的房子里照顾丈夫，真是不公平。"

在某一天，丈夫给了玛蒂尔德一张舞会的邀请函。这场舞会是由丈夫所工作的教育部举办的。为了使妻子高兴，丈夫好不容易拿到邀请函，并决定为玛蒂尔德买一件漂亮的礼服，玛蒂尔德从富有的朋友弗莱斯杰（Forestier）夫人那里借来了一条美丽的项链，这条嵌有钻石的昂贵项链是她朋友的项链中玛蒂尔德最中意的一款。穿着新礼服，并戴着钻石项链参加舞会的玛蒂尔德感到十分满足，她认为自己更加耀眼了。在参加舞会的所有男性的视线中，玛蒂尔德跳着舞，这是她一生中最幸福的瞬间了。

但是舞会结束后，准备回家的玛蒂尔德却发现自己的项链不见了，她找遍了整个舞会现场，怎么也找不到那条项链。对于玛蒂尔德来说，这无异于晴天霹雳。最终，玛蒂尔德和丈夫掏空家产甚至借了高利贷，购买了一条相同模样的钻石项链还给了弗莱斯杰夫人。好在弗莱斯杰夫人没有多想，只当是借来的项链被还回来了。

玛蒂尔德夫妇为了买一条价值4万法郎[1]

---

[1] 法郎：法国法郎，现已停止流通，被欧元取代。——编者注

的项链而债台高筑。之后，玛蒂尔德夫妇搬到了简陋的阁楼里，努力工作还债。过了10年之后，玛蒂尔德和丈夫终于还清了债务。然而在这段时间，玛蒂尔德的美貌不见了，甚至看着比同龄人还要老了10岁。

后来的某一天，玛蒂尔德在公园遇见了弗莱斯杰夫人，弗莱斯杰夫人对于迅速老去的玛蒂尔德感到十分吃惊，并追问发生了什么事情。玛蒂尔德心想既然债已经还完了，就把事情的原委告诉了弗莱斯杰夫人。

"其实，当时我还给您的项链并不是您借给我的那一条，而是我买的一模一样的项链，为了还债，我和丈夫10年间没日没夜地工作。"

然而，弗莱斯杰夫人却以吃惊的表情紧紧地抓住了玛蒂尔德的手，然后说：

"玛蒂尔德,你为什么要这样做?我当初借给你的项链是个假货,那不过是一个连500法郎都不到的仿造品而已。"

那么玛蒂尔德接下来会怎么做呢?是从弗莱斯杰夫人那里要回真正的项链,然后幸福地生活呢?还是无法忍受10年来的郁闷,最终生病住院了呢?

谁都不知道后来会发生什么,故事就这样结束了,这就是莫泊桑著名的短篇小说《项链》。

连假货都分辨不出来,就这样度过了10年辛苦岁月的玛蒂尔德和丈夫是不是非常可怜呢?如果他们一开始就向弗莱斯杰夫人说明项链弄丢的事实,是不是就不用受苦了呢?还是弗莱斯杰夫人从一开始就向玛蒂尔德说明这是一条假项链的话，就不会产生这么让人无可奈何的事情了呢？

虽然故事中玛蒂尔德的命运很可怜，但是更让人迷惑的是：为什么当时没有人知道玛蒂尔德戴的是假项链呢？参加教育部长官主办的晚会的人很多都是有教养有学识并且富有的人，更何况在那天的舞会上，玛蒂尔德集众人的目光于一身，怎么会没有人发觉玛蒂尔德戴的是一条假项链呢？

玛蒂尔德那天格外地漂亮，因为她相信自己脖子上挂着的是真正的钻石项链，所以玛蒂尔德才会露出更加灿烂的微笑。如果一开始弗莱斯杰夫人就告知玛蒂尔德这是一条假项链的话，也许玛蒂尔德也不会露出那么自信和灿烂的微笑了，那么，人们从玛蒂尔德的表情和态度中，就有可能察觉到项链是冒牌货了。

真钻石和假钻石对于人们来说是如此的不同，虽然无法用眼睛直接分辨真假，但是，由此带给人们的影响是完全不同的。玛蒂尔德认为，自己带上了真正的钻石项链，所以认为自己也像钻石一样是耀眼高贵的存在，充满了骄傲感，因为如此美丽的钻石并不是常见的东西，即使放眼整个世界也是稀有的存在，而拥有这样一条钻石项链，仿佛象征着自己就是高贵的存在一般。

其实不仅是玛蒂尔德，对于普通人来说，也有着想拥有其他人不能轻易拥有的东西的欲望。人们迫切地希望拥有宝石、名牌衣服、汽车以及房子这种别人轻易无法

炫耀性消费
越是像衣服、皮鞋、包等外部装饰性强的商品，炫耀性消费的性质就越浓。

拥有而自己却可以拥有的东西。而之所以想要拥有任何人都无法拥有的稀缺价值,是因为自己在拥有这些价值之后,别人就会羡慕。自己为了引起他人的羡慕而进行消费的行为,就是现代社会的"炫耀性消费"。

现代的炫耀性消费下产生的奢侈品

那么,我们为什么会如此重视炫耀性消费呢?

在现代社会中,几乎所有的商品都在进行大量的生产,大量的消费。如果我们拥有着今天新推出的手机,便会产生骄傲感。而为了获得这种骄傲感,我们会以昂贵的价格购买新产品。但是,如果过了6个月,随着更新款手机的上市,从前的手机价格便会降低,那么你便不能再获得其他人的羡慕。因为到这时，这款手机只不过是一款很多人都拥有的产品而已了。穿着高价购买的新品名牌运动鞋在运动场上驰骋，尽情享受朋友们羡慕的目光。但是，运动鞋甚至还没有来得及磨损，这款朋友们都羡慕的运动鞋就在打折卖场以半价出售，而后成了任何人都可以轻易得到的运动鞋的情况也是如此。

和随时随地都能在市面上看到的产品不同，玛蒂尔德想要的钻石是很少有人能够拥有的稀有宝石，并且凭借这种稀有性，玛蒂尔德得到了更高级的待遇。有时人们想要的不是只要经济能力允许，工厂就可以大量进行生产的普通产品，而是很多人都不能轻易拥有的奢侈品。人们对这些因价格过高，所以普通人无法拥有的只有少数特权阶层才能够拥有的衣服、皮鞋、手提包、笔记本、钢笔等商品充满了渴望。

那么，奢侈品的价格到底是由谁、以什么样的标准来确定的呢？奢侈品的秘密不在于其生产过程的特殊性或是原料的特殊性，有时只是因为其价格"昂贵"才受到了认可。因为价格高得离谱，成了大多数人都无法接近的、只有少数特权阶层才可以消费的产品，所以其价值得到了认可。因此，奢侈品成了满足上流阶层炫耀欲望的手段。

在资本主义社会之前，人们根据身份来区分消费的等级。例如，女仆不能佩戴珍珠耳环，只有贵族女性才可以使用束胸等。在其他国家也是如此，根据身份的不同，人们所居住的房子的形态、穿的服装、接受教育的场所以及交通工具也是不同的。但是,在现代社会,由于对商品以及消费没有原则上的限制,因此上流社会选择以高得离谱的价格来彰显自己的地位和权利。比如,只有1%、0.1%的人才能消费的房子、家具、茶杯、服装、汽车……

购买奢侈品是富人为了和普通人区别开来所做出的消费行为。像这样,上流阶层为了彰显自身的能力所进行的消费叫作"炫耀性消费"。

虽然奢侈品是少数的特权阶层彰显自身能力的手段,但是,也有许多女性像玛蒂尔德一样,不断地关注奢侈品,甚至花光一个月工资也要购买名牌包。这些女性的心理到底是怎么样的呢?她们也只是想像少数特权阶层一样,能够享受炫耀性行为，因为她们认为，为了展示自己的经济能力而消费的上流阶层的消费行为是非常高端的行为。尽管自己没有能力像上流阶层一样轻而易举地购买商品，但是，她们认为自身具有和上流阶层一样的喜好。不过，她们却缺少实际享受这种爱好的财力。在消费水平体现自身生活水平的社会中，每个人都迫切地希望能够拥有满足自己更昂贵喜好的能力，因此，了解大众消费心理的企业在面向大众进行广告宣传的时候，常常强调自身的商品具有只有少数特权阶层才可以消费的特点。

像这样，比起合理地计算商品的效用性，消费者常常在自己经济能力范围内，模仿上流阶层的消费行为进行消费，即

> 看到别人的消费后，自己也跟着消费的现象，这被称为从众效应（Bandwagon effect）。

模仿炫耀性消费。因此，消费者比起关注廉价的产品，首先会关注价格昂贵的产品。

现在大家理解凡勃伦主张的"贵才能卖得更好"的理念了吗？后来，这种昂贵产品更具有迷惑性的消费心理也被称为"凡勃伦效应"，即当商品的质量相同时，价格昂贵的商品更引人注目的消费者心理。凡勃伦效应具备多

种消费形态。怀揣着价格昂贵的商品就是好商品的想法，所以只购买高价商品的现象，自身经济实力难以购买奢侈品的人们不断将目光转向山寨名牌，不打折的名牌商品的持续销售等现象可以说是凡勃伦效应带来的消费形态。

如何确定商品的价格

现在大家理解凡勃伦为什么说新古典经济学家关于消费行为对价格产生的影响的主张是错误的了吗？那么让我们来谈一谈实际上市场中的价格是如何形成的吧。在市场上决定价格的法则中最广为人知的是亚当·斯密的"看不见的手"的理论。而凡勃伦所反对的新古典经济学家们则支持亚当·斯密的这一理论。首先来听一听他们的想法吧。

企业家的目的是追求利润，个别企业家不会对工资或是商品价格产生任何影响，因为商品价格是由市场的需求和供给决定的。工资也是由劳动力这一商品价格根据市场的需求和供给决定的。因此，企业家应该努力用有限的资本，谋求最大的利润。企业家要拥有一定规模的生产设备，并以此为基础调整投入的劳动力，并不断提高利润。在生产设备的规模一定时，企业家投入的劳动力越多，生产出的产品就越多。但是，随着商品数量越多，商品价格就会越来越低，因此无条件地投入生产，并不意味着可以获得更多的利益。因为在市场中，当供给大于需求的时候，商品价格就会下降。

因此，企业家想要获得更多的利润，就应该以最有利可图的地方为临界点来选择劳动者的聘用成本。

如上所述，新古典派经济学家主张：消费者计算边际效用进行消费，企业家计算投入劳动力的边际成本进行生产，因此市场上的商品价格是合理的。

但是，市场真的像新古典派经济学家所主张的那样，是由合理的主体合理地决定价格吗？凡勃伦认为，现实中的市场完全不是这样的。他所认为的现实市场是这样的。

一位叫建国的老板开了一家冰激凌公司，随着冰激凌市场的开放，价格低廉的进口冰激凌大规模向市场进行供给，最终导致冰激凌市场的冰激凌供给过多。在与进口冰激凌的价格竞争中，根本无法取胜的建国冰激凌公司，只能以更便宜的价格向市场供应冰激凌，不仅如此，国内公司也纷纷下调冰激凌的价格。就这样，冰激凌的价格一天比一天低，那么消费者会喜欢购买低价的冰激凌吃吗？答案是否定的。虽然冰激凌价格下降了，但是，消费者却不会购买更多的冰激凌，再加上许多企业无法再坚持以低价售卖冰激凌而最终破产，进而就会导致冰激凌的供给量出现不足，最终，反而会导致冰激凌价格的暴涨。

如果你问古典派经济学家"建国公司为什么会陷入危机？"的话，那么新古典派经济学家可能会回答："这是由于供给量大于需求量导致的"。消费者购买商品的意向和购买能力

就是"需求"。那么"需求量"也可以说是在消费者具备购买意向和财力的情况下购入商品的"量"。相

> **进口关税**
> 是指为了保护和培养不发达的国内产业,防止国外产业与国内产业的不正当竞争,对进口产品征收的关税。

反,供给量是指销售者有出售意向和能力的情况下出售商品的量。像这样,如果冰激凌的供给量大于其需求量,就会导致市场上冰激凌的价格快速下降。如果这种不均衡状态持续下去,最终企业和消费者都会受到损失。

那么,我们该如何解决这一问题呢?由政府出面减少进口市场的开放程度?或者政府通过大幅度调整冰激凌的进口关税来上调进口冰激凌的价格?再或者对建国公司等中小企业进行扶持?还是举办能够刺激消费者购买冰激凌的活动呢?

如果根据新古典派的主张，这时应该任由市场自行进行调节。也就是说，市场会根据"看不见的手"自行调节需求量和供给量，即存在供给量大于需求量的市场就会存在需求量大于供给量的市场。正如前面所说，无法再承担边际成本的企业就会把目光转移到其他市场。例如，冰激凌公司有可能转变为奶油公司。在本国市场的价格竞争中出局的外国公司可能会选择退出，因此，哪怕需要一定的时间，需求量和供给量也会自动找到平衡点，这就是"看不见的手"自行调节市场的运作方式。

大家认为这种主张正确吗？

凡勃伦认为是不对的。因为他们所描绘的并不是现实中的市场面貌，而是脑海中假想的理想状态下的市场面貌。他们认为"如果消费者和企业合理地行动,市场就会正常运转,并维持均衡价格"。而他认为,这是一种谎言,因为企业和消费者不仅不会合理地行动,而且市场的调节法则一次也没有启动。

下面我们将讲述凡勃伦对此的看法。

垄断性市场多于完全竞争市场

首先,在新古典派经济学家的笔下,市场是竞争市场,即市场是买卖特定商品和服务的人的聚集地。在竞争市场中,大多数卖家销售着相似的商品,因此特定的卖家不能够随意决定商品的价格,有些卖家不仅没有理由以低于市场的价格销售商品,而且如果比其他公司以更贵的价格进行销售,消费者

竞争市场

指由于消费者和销售者人数众多,所以个别消费者和销售者无法对商品价格产生影响的市场。

就会购买其他公司的冰激凌。由于交易的商品品质相同且消费者和销售者人数众多，那么，无论是消费者还是销售者，谁也无法决定市场价格。不仅如此，在这种开放的市场中，任何人都可以作为供应商参与买卖，这种市场被称为"完全竞争市场"。

许多国家的牛奶市场就接近于"完全竞争市场"，形成了很多消费者在消费牛奶，很多企业都在供应牛奶的状态，并且牛奶的价格没有太大的差别。即使加上"特别好喝的牛奶""添加DHA[①]的牛奶""补充维生素的牛奶""低脂肪牛奶"等众多修饰语，消费者也认为牛奶的质量没有太大差别，所以某一家牛

---

① DHA：二十二碳六烯酸，一种多元不饱和脂肪酸。——编者注

奶的价格上涨，消费者就会选择其他公司的牛奶。也就是说，供应牛奶的特定公司很难影响牛奶的市场价格。像这样，可以在需求量和供应量的适当范围内形成价格的牛奶市场就接近于"完全竞争市场"了。

但是，在现实生活中，像这样的"完全竞争市场"并不常见，甚至可以说非常罕见。完全竞争市场首先要满足众多企业可以进入市场自由竞争的条件，那么请试想一下我们所熟知的其他市场吧。手机市场、电脑市场、汽车市场、游戏机市场、房地产市场、电子产品市场、网络有线电视市场、通信市场、校服市场等，在这些市场中是否存在着能够供应商品的众多企业呢？即能够看到像牛奶市场这样的众多企业存在吗？例如，在电脑市场中，韩国几乎只存在着三星电脑、LG电脑等最多5家在电脑市场中供应商品的企业。在汽车方面,韩国的生产企业也寥寥无几。像这样,少数运营商以压倒性的优势占有市场的状态,被称为"垄断市场"。在1980年的美国,仅是有线电视市场,就有数千家家族所有的小公司参与进来。但是,在2002年以后,3家大型公司占据了市场2/3的份额,最终,很多公司不得不退出市场,消费者的选择权也减少了。这种情况在韩国和美国以及任何一个国家都很常见,多数的商品市场最终成了垄断市场。

完全竞争市场的第二个条件是在供给商品的企业数量数不胜数的情况下,任何企业都不会对价格产生影响。但是,在垄断市场中,价格很大程度上受企业的影响,这是因为少数的

企业之间虽然存在着竞争，但是也可以进行合作。企业之间协商产品价格和数量的行为被称为"密商"，

> 少数的企业通过协议共同调节产品价格或产量，避免竞争的各种形态被称为垄断利益集团。由于这种行为是不公正交易，所以很多国家都将其列为违法行为。

即为了稳定地占据市场，企业之间聚集在一起协商产品价格并决定价格的行为。在19世纪后期，美国出现了垄断性企业，当时，随着以农业为基础的美国转变为工业社会，美国经济实现了快速的产业增长。但是，在各个产业领域几乎没有出现像新古典派经济学家所主张的那样的完全竞争市场。反而，少数的大型企业相互合作，形成垄断利益集团，并通过密商决定产品价格的现象比比皆是。

1980年，美国航空公司的管理人员向布兰

尼夫国际航空公司[①]的管理人员提议将机票价格上调20%的通话内容被公开后遭到了起诉。如果司法部门没有发现这一密商事件,那么运行同一路线的两家航空公司将会通过密商将机票价格突然上调20%。

当然,并不是所有的垄断市场都会试图进行密商,但是,不可否认的是,在垄断市场内更领先的企业对于商品价格具有很大的决定权,特别是在尖端技术领域,不少人担心少数企业会垄断市场。例如,在1998年,美国政府向微软公司提起诉讼,认为微软公司违反了反垄断法。这一事件的起因是源于微软公司的"捆绑销售",微软公司想在 Windows 操作

[①] 布兰尼夫国际航空公司:美国一间存在于1928年至1982年的航空公司。——编者注

系统中加入网络浏览器程序进行捆绑销售，随后便受到了美国政府的制裁。在当时，80%的美国新电脑产品都在使用微软公司的Windows操作系统。因此，美国政府认为微软公司具有相当大的市场垄断力。美国政府认为：微软公司利用自身对Windows操作系统的市场垄断力进而添加网络浏览器的行为，妨碍了其他竞争公司的新程序供应。但是，微软公司却声称在

现有产品中加入新功能是技术的进步,并且在 Windows 操作系统中增加网络功能是自然的过程。在经历了长时间的审判和攻防战之后,这一事件最终以美国政府接受微软公司的主张而告终。

问题在于不仅是微软公司,很多企业都主张为了技术的进步,大型企业垄断市场的行为是常见的现象。随着大企业对市场的支配力日益增加,新古典经济学家主张的完全竞争市场如今正在消失。

企业的掠夺本能造就垄断市场

新古典派经济学家认为:垄断市场只是例外的市场,而完全竞争市场是正常现象下的市场。但是我认为,从企业的属性来看,市场被少数大企业垄断的现象是必然的结果。因为任何企业家在追求自身利益的过程中，都不会公平地进行竞争，企业会尽可能地在市场中展现自己的力量，并且采取一切可能的手段来获得更多的利益。

首先，企业之间的竞争存在着所有企业起点不同的局限性，假设在电子产品市场中，A公司非常具有竞争力。这时，A公司以电子产品市场获得的利润为基础，进军房地产市场，那么在房地产市场中，参与竞争的中小企业在与新进入房地产市场的A公司的竞争中就会落后。A公司以已经在电子产品市场中获得的利润为基础，比起中小企业具备更多的资本和更好的形象。

> **游说活动**
> 是指一些国家中的企业、产业等为了对立法、行政政策产生影响力而展开的活动。

如果某个企业在某个市场竞争中获胜，该企业就会以更好的条件去参与其他市场的竞争，那么处于弱势的竞争企业就会出局。随着这一个过程的不断积累，最终，在主要市场中，就会只剩下以强大资本为基础的少数企业。这时，这些企业为了得到各种优惠还会投入很多资金进行游说活动。

像这样，企业为了在市场中占据有利地位而攻击对手弱点的行为具有不择手段的属性。这是因为经营企业的企业家们具有掠夺的本能。掠夺本能并不是通过合理公正的竞争来获得利益，而是即使通过非法行为也要在市场上占据有利地位的野蛮本能。关于这种掠夺本能，我会在第四章中更加详细地说明。在这里，随着具有掠夺本能的企业家在市场中不断追逐垄断地位,市场上就会出现少数大型企业存留下来,决定商品价格并且操控消费者心理的现象。

好,到此为止。向大家说明了凡勃伦的"市场是不合理的"的主张,并且在上文中阐述了什么是"炫耀性消费"。而所谓"炫耀性消费"是指少数特权阶层为了使自身区别于其他阶层所进行的消费活动,并引起其他阶层争相模仿的消费行为。

但是,炫耀性消费是从什么时候开始出现的呢?许多人认为炫耀性消费是现代产业社会的产物,但是,凡勃伦认为炫耀性消费是人类从共同生活的原始社会开始,并经历了漫长的历史演化而来的行为规范。特别是有闲阶级的行为规范经过社会发展呈现出了多种形态。不仅如此，这种行为规范还发展成了所有社会成员的如今的行为规范。因此，如果想理解我前面所说的炫耀性消费，就应该理解从原始社会到今天有闲阶级的炫耀性休闲和炫耀性消费的规范是如何在制度上站稳脚跟并不断进化的。

这个问题让我们在第二章讨论。

扩展知识

我为什么要烧掉路易威登

2006年9月17日晚,一名叫尼尔·布卢曼(Neil Boorman)的男子在伦敦的芬斯伯里广场(Finsbury Square)举行焚烧仪式,把自己的生活用品堆在一起并焚烧。当天,他所焚烧的阿玛尼丝绸衬衫、古驰T恤、路易威登包、迪奥大衣、圣罗兰夹克、皮尔卡丹皮夹克等名牌服装及黑莓手机、索尼播放器、夏普电视等昂贵电子产品的价值合计超过了4.3万英镑[①]。

在当时,有300多人来观看了这场奇怪的焚烧仪式,甚至英国广播电视台的记者也为了采访这个人奇怪的行为而赶到现场。

"我热衷于购买奢侈品,每天看着这些奢侈品的广告,购买着喜欢的产品。就像广告说的,我想成为更成功、更受人欢迎、更加性感的人。但是,如大家所见,我过得并不幸福。奢侈品终究只是装饰品而已,由于这些奢侈品,仅仅是英国人就背负着2 000亿英镑的债务过活。今天我将从奢侈品的毒瘾中摆脱出来,从明天开始,我将不会在百货商店内寻找

[①] 英镑:1英镑≈8.21元人民币。——编者注

幸福。"

举行这一焚烧仪式的布卢曼是英国伦敦活动的作家兼活动宣传者。正如他所说,他曾是一名奢侈品狂热者。从小时候和朋友们交往时开始,布卢曼就会特别关注朋友的玩具品牌是什么。长大后参加派对与人见面时,也通过观察那个人穿的牛仔裤或夹克、拿着的手机是哪个品牌等来了解对方的性格。布卢曼相信,人们穿戴的品牌形象能说明那个人的喜好和性格。

"但是某一天,我觉得自己被骗了,被那么多的奢侈品围绕着生活似乎并没有那么幸福。因为无论买再多的奢侈品,我也没有办法获得满足感。虽然我的房子中已经放不下这些奢侈品了，我却还是总买衣服，对此我觉得很奇怪。"

最终，布卢曼发现，通过奢侈品形象来展示自身的性格的行为是徒劳的，在明白了自己沉迷于奢侈品的心理之后，布卢曼为了从奢侈品的毒瘾中摆脱出来，下了很大的决心。这就像沉溺于酒精的人丢掉了家里所有的酒一样。最终，布卢曼决定将自己所拥有的奢侈品产品全部烧掉，借此获得新生。

奢侈品风潮
为什么人们喜欢贵的商品呢?
这是由于炫耀性消费导致的。
什么是炫耀性消费?
就是消费者认为，即使是看起来相似的T恤，价格贵的商品会更特别。
10万韩元
3万韩元
1万韩元
10万韩元的那件看起来最好。
我把被昂贵的商品所迷惑而购物的心理命名为“凡勃伦效应”。
凡勃伦效应
高价
因此，出现了假冒名牌产品的现象，甚至出现了因过度消费而负债累累的人。
负债
高价
现代社会绝对不能成为完全竞争的市场。为什么呢?这是因为这种市场是不合理的。

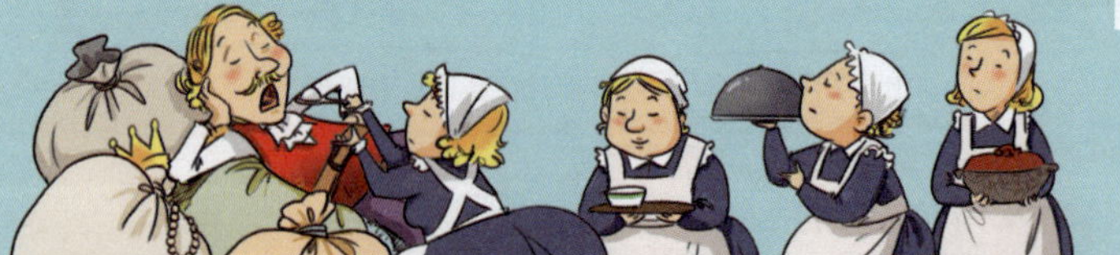

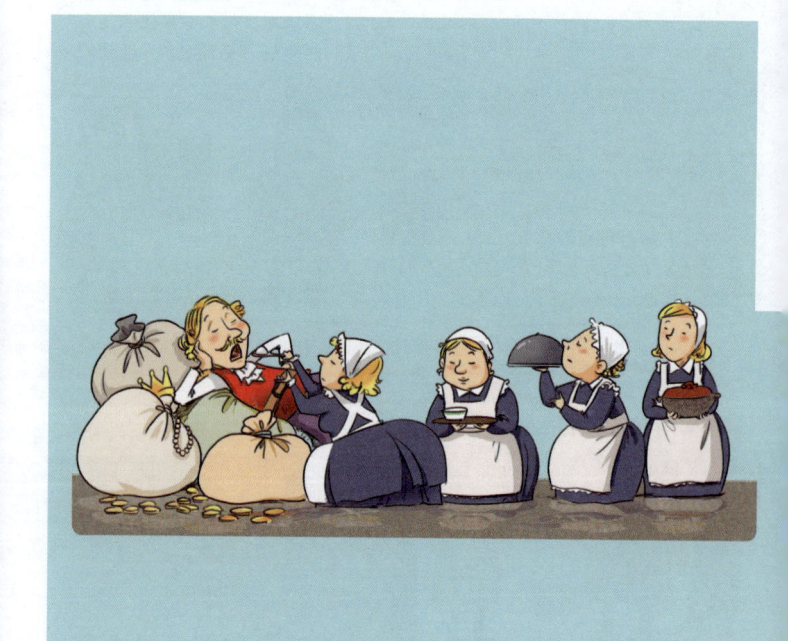

第二章

我们为什么想成为富人

无需劳动且可以充分享受闲暇时间及非生产性生活的少数特权阶层被称为有闲阶级。那么是谁，并且出于什么样的原因，把有闲阶级的生活看作是特权阶层的生活，并承认他们是优越的阶级呢？

什么是有闲阶级

好,下面我们来了解如今的炫耀性消费行为是如何发生的。为了了解这一点,首先让我们来详细了解一下炫耀性消费的主人公,即有闲阶级。

有闲阶级是指悠闲并且具有非生产性特征的上流阶级。有闲阶级的代表是欧洲中世纪封建制度社会的贵族和神职人员。在欧洲的封建社会中,社会由"打仗的人、祈祷的人、工作的人"所组成。教会的神职人员，是指做祈祷的团体；封建领主和骑士们是为了扩大领土而进行战斗的团体；而多数的农民是从事生产活动的团体。领主和骑士属于贵族，他们与神职人员一样，不参与任何生产活动。贵族在战争时期是战斗者，在日常生活中则享受着华丽的宴会、各种娱乐以及狩猎时光。他们没有直接参与任何生产活动，却对农民生产的产品拥有支配权，并借此可以享受着快乐的闲暇时光。

> **中世纪封建制度**
> 指以土地为媒介，根据君主和封臣之间的契约成立的统治阶级内的主从关系。

虽然倡导着"不劳动就不要吃饭"，但是从未在土地上播撒过一次种子的贵族们却心安理得地抢过农民收获的农产品，然后将这些产物换成金钱去参加华丽的宴会，以及用来指使下人，或者漂洋过海购买昂贵的香料、享受悠闲的旅行。相反，农民却要在庄园地主的土地上，一年四季都辛苦工作，最后只能得到极少的农产品，过着贫穷的生活。从现代人的眼光反观那个时代，这两个阶级的生活体现着那个极其野蛮的时代的悲哀。因为在当时的时代，工作的人要过着贫穷的生活，而不工作的人却可以享受着近乎浪费的富有生活。

但是，并不是说欧洲封建时代的贵族们与其他时代的上流阶层相比，更加无情或者更加野蛮。因为无论在哪个时代，特权阶层都得到了"免于生产活动的特权"。而这种特权是彰显他们身份优越性的标志。也就是说，他们故意不工作，故意浪费，故意尽情享受充分的休闲时光。反而，如果他们之间有喜欢劳动的人，那么，这种人则会成为被孤立的对象。禁止从事生产活动是他们内部的规范。这种悠闲且非生产性的生活面貌是使他们自身区别于其他阶层的决定性标准。

所以，我把这种与其他阶级不同，享受闲暇且非生产性生活的阶级命名为"有闲阶级"。

那么大家可能会问：

"那么是谁，并且出于什么样的原因，把这样的有闲阶级的生活看作是特权阶层的生活，并承认他们是优越的阶级呢？"

其实，并不是只有在封建时代有闲阶级的社会优越性得到了认可，有闲阶级在人类形成原始社会后，直到今天其优越性仍旧不断得到认可，并进化成了多种形态，让我们一起来了解一下这个过程吧。

原始社会的有闲阶级是猎人

从原始社会到今天,无论处于哪个社会,有闲阶级一直存在。随着各个社会的经济技术的不断发展,有闲阶级的身份也在不断转变。例如,从"猎人""战士""贵族"到"企业家"等身份的转变。

为了对这个变化过程进行说明,首先我将人类历史的变化过程分为五个阶段,第一阶段是原始部落社会,第二阶段是新石器时代的和平未开化经济时代,第三阶段是私有财产制出现的掠夺性的野蛮经济时代,第四阶段是前近代农业经济时代,第五阶段是机械支配的现代经济时代。而这是根据产业技术的发展,制度的变化为中心进行区分的。

本章我们将了解从原始社会到第四阶段农业经济时代，有闲阶级的变化过程。关于现代社会下的有闲阶级的变化，我们将在第三章、第四章仔细研究。

在新石器时代以前的时期，虽然很难准确地找出有闲阶级，但是出现了可以推测出有闲阶级是如何产生的社会关系。即打猎的男性和做日常劳动的女性之间的角色区分。在原始时代，狩猎、采集等是经济活动的中心。而采集植物的果实及根部、捕鱼等能够获得一般性粮食的经济活动主要由女性负责，成年男性则负责狩猎这种能够向部落提供优质蛋白质的动物。狩猎动物是一项艰巨并且不规律的活动，因此，部落更多依靠女性的日常劳动。

尽管如此，负责狩猎的男性仍然在部落中受到尊敬，这并不仅是因为他们向部落提供了优质蛋白

> **谋略**
> 意味着无论遇到任何事情，都能够明确地捕捉、分析、评价问题，熟练地提出解决对策的出众的智慧和计谋。

质。在当时，男性被认为是可以通过自身的谋略对危急的状况提出相应计划的存在。我把这种能力命名为"制造业本能"，有闲阶级是被认可能够发挥"制造业本能"的阶级，并成为被尊敬的对象。

为了了解这其中的含义，我认为有必要进一步理解在原始社会人们的生活及其思考方式。人类在从事耕种之前，完全依靠自然来获得粮食，并且通过与自然对抗生存下来。严格地说，自然被原始社会的人分为两种形态，即可以预测的、可以稳定操作的和不可预测的。

原始人认为像水果、草木一样，可以预测并且能够稳定地操作的资源属于"不动体"。相反，原始人把狂暴凶猛的动物、疾病及洪水等无法预测的自然现象称为"活动体"。

根据原始人的思考方式。在令人恐惧的情况下，在需要毫不犹豫地做出危险性行为的人类活动中，人们应该发挥出与处理不动体时不同的谋略和手段。因此，比起从事日常性的生产线工作，冒着危险并发挥勇猛性行动的行为，更令人感到自豪。

像这样，对自然的区分决定了他们劳动的性质。在部落中，大部分女性的劳动是简单且卑微的。相反，大部分男性的活动是富于风险的、令人尊敬的。于是，由猎人组成的男性群体中，战斗和狩猎就像是强悍的男人的专职一

样，占据了一席之地。在这种文化阶段中，充满骄傲的男性，就会把女性的劳动视为卑微的工作，并且期望自身从事能够展现出自己勇猛性的狩猎活动。

在原始社会，男性狩猎者从事着"打猎"这一经济活动，并且享受着免于日常劳动的特权。像这样，对充满骄傲的活动和卑微的劳动之间的区分，最终形成了理所当然地区别看待男性和女性之间关系的思考方式和习惯。随着时间的推移，这种思考方式和习惯，最终催生了男女之间差别化的制度。这种制度的形成可以说是有闲阶级制度形成的基础。

有闲阶级制度扎根的野蛮经济时代

在人类务农定居生活的第二个时代，即新石器时代的和平未开化经济时代，个人所有制仍旧不发达。因此，虽然个人的能力集中在经济生产上，但人与人之间的竞争关系仍旧停留在收获更多的生产物上。虽然女性仍然承担着更多的日常劳动，但是，此时男性也参与了生产活动。当然，在这个时期，在应对自然灾害及开垦自然方面，男性发挥了自身的勇猛性。

但是，此时男性为了生存，也会参与日常的劳动。

随着生产物得以积累，并产生所需量以上的产品时，个人之间、部落之间就会展开掠夺战争。在原始社会，与不可预测的自然之间的斗争演变成了部落之间的战争。当然，并不是因为经济条件的变化，导致原本性格温和的人类变得具有掠夺性，在历经了原始社会，特权地位得到保障的男性已经具有了掠夺本能，并且环境也赋予了男性实现掠夺本能的机会。现在男性们除了可以免予生产活动之外，还在部落之间的战争中成为掠夺财物和奴隶的阶级，这就是我所说的第三个时代，即掠夺性的野蛮经济时代。

这是一个把战斗当作理所当然的、具有

代表性的时代。勤劳地从事生产活动是俘虏和不参与战争的下层人民所做的事情,而处在最高地位的男性则认为,在部族之间的战争中取得胜利才是他们的责任,通过抢夺或胁迫获得物品的行为满足了处于最高地位的男性的自尊心。因此,他们把名誉和掠夺视为同一件事,最终成了藐视生产性劳动的有闲阶级。

在这个时期,产生了最早的所有权现象。最初的所有权现象是在部落之间的战争中,将作为战利品获得的女性俘虏视为奴隶而产生的。主导部落战争的最高权力的男性将女性俘虏视为奴隶,并对她们行使所有权。女性奴隶作为战利品,被用来展示具有崇高身份地位的男性的勇猛性。与此同时,女性奴隶也成了从事生产

战利品
指战争时从敌人手中夺得的物品。

活动的劳动力,成了主人积累财富的手段。

所有权以拥有女性为起源,并扩大到了拥有女性生产的产品的所有权。最终,这种所有权演变成了拥有更多的奴隶的人可以积累更多财富的条件。

私有财产制度不是生存斗争的结果

大家可能听说过"私有财产制度的出现,是人类生存权斗争的结果"的主张。实际上,这是古典经济学家的主张。古典经济学家认为,由于人类生产生活所需的商品是有限的,因此无论是谁,都无法轻易得到所需的商品。于是,为了得到这些有限的商品,个人之间、集体之间就发生了生存斗争。在这场生存斗争中获得的产物最终成为个人所有,从而产生了私有财产制度。

由此可以看出，古典经济学家所主张的个人所有权产生的原因与我的想法并不相同。首先，我认为并不是因为商品的数量有限，才产生了所有权制度。如上文所述，我认为，当商品积累超过生存所需时，为了抢夺这些商品，部族之间就会发生战争，当然生存斗争也可以称为是初期生产活动的特征。而生存斗争是指在资源不足的环境中，为了获得某种生存手段，而不断地进行激烈劳动才能维持部落集体的活动。在男性不进行生产活动，只集中于参与掠夺性战争的情况下，为了使通过掠夺而产生的所有权制度得以存在，应该使部落的生产活动得以稳定地进行。

脱离了早期的生存斗争阶段，在所积累

的商品超过生存所需水平的社会中，为了更舒适的生活而展开生存斗争的主张是有局限性的。掠夺战争不是为了获取不足的商品，而是为了能够掠夺更多的商品。此外，在这种情况下的掠夺战争也不是为了通过抢夺的商品享受更舒适的生活。在这种情况下，引起战争的目的是享有最高地位的男性通过积累财富来获得

名誉。战争是由有闲阶级的掠夺性质引起的，他们试图通过战争来展示自身的勇猛性，并且通过积累超出生存所需的商品来炫耀自身的权力。像这样，有闲阶级的掠夺性行为催生了个人所有权制度。

如果按照古典经济学家的主张，那么，为了获得不足的商品而进行的生存战争则是不得已的选择。这种战争由于是为了生存而进行的正当斗争，所以，所获得的商品也是具有正当性的。但是，实际上，个人所有权制度却是让少数特权阶级巩固自身的社会地位并且为了炫耀自身进行掠夺行为的不公正制度。因此，与古典经济学家的主张不同，个人所有权制度、私有财产制度的出现过程，是在不平等的社会阶级关系下，只对少数人有利的掠夺性制度。

在这个过程中,少数特权阶级拥有劳动者,并且还拥有着劳动者生产的财物,这是一种非伦理性的制度的起源。

像这样,通过掠夺性行为产生的所有权制度就像是送给有闲阶级的一个"积累财富"的礼物。

有闲阶级的财产炫耀竞争

从最初的所有权诞生的掠夺性阶段开始,到后来进入更加稳定的以私有财产为基础进行生产活动的阶段,有闲阶级的竞争情况也发生了变化。从之前的通过掠夺和暴力的方式拥有奴隶,并生产财物,到后来通过已经拥有的相当数量的奴隶和土地为基础来积累财富。因此,也就没有必要通过暴力的掠夺来获得名誉了。

第四个阶段是农业经济时代。在这个阶段，财富的积累成了自身优越和成功的证明。随着农业经济的发展，财富得到稳定。名誉和被尊敬成了积累金钱的体现。从农业经济相对稳定增长的古代社会和中世纪社会开始，对金钱的所有程度成为维持有闲阶级名誉的重要标准。当然，在这个时代，也会存在大大小小的战争。但是，在这时，有闲阶级参加战争的目的并不是希望通过战争中的战利品展示其勇猛性。他们只有在通过战争可以进一步积累财富的时候，才会参与战争。

中世纪的庄园领主通过从战争中取得胜利来获得对土地的权利。准确来说，土地的所有权归王室所有，而庄园领主获得的是对土地的使用权。像这样，把土地作为媒介的统治阶级就是中世纪的封建制度，其目的是通过耕种土地得到的产物来积累财富。因此，有闲阶级才会参加战争，并将战争中获得的土地视为积累财富的手段。

就像野蛮的男人通过证明自身强韧的肉体力量来获得更大的名誉一样，农业时代的有闲阶级如果获得了多于一定标准的财富，就会获得更多的名声。因此，有闲阶级为了获得更多的财富，就会投入无止境的激烈的斗争中去，这种竞争被称为"炫耀性金钱竞争"。

但是，有闲阶级的男性为了使自身拥有的金钱力量大于其他男性的金钱力量，不仅会竞争性地积累财富，同时，为了炫耀自身所拥有的巨大财富还会做出特别的举

金钱的力量
即通过拥有金钱获得的地位和名誉等力量。

第二章　我们为什么想成为富人

动，这就是在第一章中，我们所提到的"炫耀性消费"以及和炫耀性消费有很深关联的"炫耀性休闲"。

竞相举办炫耀性宴会的有闲阶级

越是积累财富，光靠自己的展示越是无法充分展示自身的富裕。因此，有闲阶级渐渐就会通过赠送昂贵的礼物或是举行庆典、宴会来得到朋友或者竞争者的赞誉。宴会的主办者希望来参加宴会的竞争者能对参加宴会的人和自己赞不绝口。当然，有闲阶级的庆典或宴会也是为了满足娱乐的欲望而持续举行的。但是，其更多则是为了展示自身所拥有的巨大财富。

中世纪贵族们的宴会模仿了古罗马时代的宴会。罗马时代的宴会一般会持续8小时到10

小时，中间还包括欣赏话剧的时间。宴会上的餐点叫作"奶酪"，餐点包括开胃菜和三种汤、两种烤制料理、甜点等共7种料理。食材也是多种多样的，以地中海的鱼和甲壳类生物，东方的香料，各处购买的各种水果，兔子、狍子、青蛙等肉类制作的料理为基本食材，还包括很多稀有的料理。比如，用鸟的舌头做的料理、野鸡料理、用牛奶和蜂蜜泡着吃的白鹅肝、野猪的头、母猪的乳房、小鸽子、鲟鱼等。用稀有的食材制作成的料理并不是因为其味道特别才受到人们的欢迎，而是因为很难买到所以价格昂贵，并且这些料理可以展示出宴会主人的财富。

中世纪贵族们通过举办模仿古罗马时代的宴会来炫耀自身的财富，后来这种充满竞争性

的宴会逐渐成了日常性活动。

"我上周在伯爵的宴会上头一回看见了鲟鱼料理。看来下次我举办宴会时,得做出一个比这个更稀有的料理。"

"上次宴会上,伯爵夫人穿了一件高级的丝绸礼服,肯定是从东方传过来的。我得马上查一查是从哪里弄来的。"

"听说男爵拉马车的马好像是波斯产的。我也趁此机会，换成更好的马。"

像这样，和别人进行比较的竞争成了有闲阶级日常所苦恼的事情。尽管他们这种攀比心无比幼稚，他们却还是倾注全力去拥有比别人更昂贵的东西，因而展开了金钱竞争。

在我们看来这种非生产性、浪费性的宴会之所以会举办，比起炫耀财富，它还有更重要的目的，那就是"炫耀充满闲暇的时间"，我把这个现象命名为"炫耀性休闲"。

即使不工作，也可以填饱肚子的贵族

在以农业为主的中世纪社会，农民们根

据法律和以往的习惯，拥有着可以得到少量由自己生产的产品的权利，只有这样才可以维持农民自身的生活。因为在任何情况下，农民都无法逃避劳动，所以，在从事劳动的人的群体中，并不会轻视劳动本身，劳动者们重视勤劳和节约精神。

但是，正如前面所说，有闲阶级认为从事生产活动是卑微的。他们为了展示自己即使不进行生产活动也可以享受财富的特权而不断努力着。当然，因为有闲阶级参与了金钱炫耀的竞争，所以也必须接受"必须要赚到钱"的要求。但是，对于有闲阶级来说，"不参加一切生产活动"的要求更加强烈。即使是在今天，上流阶级的男性仍旧对直接参与生产活动感到厌恶。我认为从古希腊哲学家到今天的有闲阶级，如果想过上优雅充满价值的生活，有必要拥有一定的闲暇时间，而且不必参与日常生活中急需的生产活动。有这样一则逸事：在王宫发生火灾后，法国国王以他不能在没有人搀扶的情况下走下王座为由，直到被严重烧伤为止，他都一动不动地坐在王座上。这充分说明了，有闲阶级是多么地藐视劳动。而没落的贵族宁愿饿死，也拒绝找工作进行劳动的故事也是同样的道理。

对于有闲阶级来说，"休闲"是获得他人尊敬的一种手段，它具有和物质价值不同的精神价值。对他们来说，"休闲"并不意味着"懒惰"或是"什么事情都不做"，而是意味着"非生产性地消耗时间"。对于他们来说，休闲时间是能够享受懒惰生活的财富证明，所以也是一种非生产性的消费。

在所有时代，上流阶级的礼仪烦琐、程序复杂的原因在于，这样做可以向他人炫耀他们自身在熟悉礼仪方面投入了足够的时间。试想一下，贵族餐桌上数不清的叉子、刀和汤匙。有开胃菜专用叉子和牛排专用叉子，还有喝汤时使用的勺子和吃甜点时用的勺子。另外，还有切沙拉的刀和切牛排时使用的刀。把它们分开来使用，按顺序吃完饭需要1个小时以上。然而，比起长时间的用餐时间，熟悉用餐礼仪则需要更长的时间，而贵族们的礼仪正是为了证明自身有余力消费这种非生产性的时间。

像这样的例子数不胜数。例如，要一直保持着感动的表情来欣赏足足3个小时的自己听不懂的拉丁语歌剧、只有熟悉烦琐的动作才能跳的社交舞蹈、要记住数百种标签的葡萄酒课程等。像这样，需要投入相当的时间才能够掌握所谓上流阶层文化中的众多礼仪。而这所有的礼仪都是证明"有闲阶级把闲暇时间花在非生产性的事情上"的手段。

有闲阶级定期展示这种礼仪的手段就是举办宴会，通过宴会可以展示的用餐礼仪、通过交谈流露出的多种知识、对社交舞蹈的掌握程度、欣赏音乐的水平，有闲阶级将这些称为"教养"。举办宴会虽然是展示宴会者财富水平的手段，但是在此之前，宴会是有闲阶级们展示自身区别于其他阶级以及体现自己教养的社交礼仪，并且向其他阶级确认自己是"具有教养的特权阶级"面貌的场所。

追赶有闲阶级的普通人

没有比自己更优越的人,也没有和自己处于同等水平的人。自认为处于最高水平的有闲阶级认为,自己的礼法是最完美、最成熟的表达方式。不仅如此,有闲阶级还在自己的礼法上冠以"教养"二字,并使之成为处于更低阶级的人也要模仿的行动规范。

但是,如果想要具备这样的礼仪教养,则需要投入相应的时间、精力和费用,而这种礼仪是把自己的时间和能力全部投入生产活动的人无法模仿的。因此,非常了解这一点的有闲阶级把自身的规范强调成是最高级别的文化规范。在大部分社会中,有闲阶级由于具备着对社会的支配力,所以他们的行为规范被认可为最优秀的规范，被大众所接受。

因此，无法像有闲阶级一样展示自身礼仪的人便被分类为是社会低级文化的人、没有教养的人，而下层阶级的人不惜斥巨资去享受贵族般的饮食，没落的贵族，即使倾家荡产也要进行最后的宴会。为了学习复杂而又烦琐的社交舞蹈而投入大量时间的行为恰恰展现了想要具有有闲阶级礼仪的下层阶级的自卑感。如果说有闲阶级是通过复杂的礼仪来展示自身"不需要劳动"就能充分享受闲暇时间的人，那么，有闲阶级以外的人由于无法具备这种礼仪，就会成为由于劳动时间太多，无法拥有闲暇时间来得到教养的贫穷的人，并为此感到羞耻。

最终，在社会中，这种上流阶层可以自如地运用礼节，使得有闲阶级得以强调自身的社会文化优越性。这就是普通人想要模仿有闲阶级的理由。

在本章的最前面,我提到了"那么是谁,并且出于什么样的原因,把这样的有闲阶级的生活看作是特权阶级的生活,并承认他们是优越的阶级呢?"大家一定很好奇答案吧。认可有闲阶级特权的有闲阶级制度的落实,在人类历史的漫长历程中渐渐地成为习惯。最重要的是,这种有闲阶级以外的人的自卑感,使得有闲阶级的存在得到了认可。

好,到现在为止。我们回顾了从原始社会到中世纪社会有闲阶级制度是如何站稳脚跟的。那么在现代社会中的有闲阶级制度是如何存在的呢?大家对此可能会充满好奇。

"在现代社会中,谁是有闲阶级?是企业

家吗？有闲阶级是指不参与生产活动的阶级。但是，企业家虽然没有直接参与生产活动，却将大部分时间用于名为'经营'的经济活动，那么企业家是否属于有闲阶级呢？"

为了理解现代社会下的有闲阶级，则必须区分"营利活动"和"产业活动"。对此，我将会在第四章对属于现代有闲阶级的企业家和生产资料所有权进行讲解。在讲授现代有闲阶级的问题之前，我首先会在第三章讲述一个大家可能会好奇的问题。

那就是"女性是否属于有闲阶级"。在有闲阶级的起源和变化过程中，女性一直担任着从事劳动的角色。虽然在上流阶级中存在着女性，但是，是否能够把她们当作是和有闲阶级的男性一样的存在呢？另外，在现代社会中被看作是炫耀性消费主体的女性，究竟是炫耀性消费的"主犯"？还是在其背后存在着其他的社会性关系？对此，我将在第三章为大家讲述这个问题。在解决这个疑问的过程中，大家自然就会理解现代有闲阶级的属性。

我们承担着难以预测结果又艰难的任务。

这种男性获得了名为有闲阶级的特殊地位。

中午12点

晚上5点30分

晚上7点

中世纪的有闲阶级贵族们不进行任何劳动,而是通过游手好闲来炫耀自己的财富。这就是炫耀性休闲。

游手好闲?你也不看看我们要学多少礼仪,你要试试看吗?

啊,算了算了。

问题是,有闲阶级的行为常常被一般阶层的人们认为是高尚的行为而竞相模仿。

丈夫是富人

第三章

女性是炫耀性消费的主犯吗

在很长一段时间里,女性都是男性作为积累财富的手段而存在的。准确来说,即使是现在,也无法将女性看作是有闲阶级。她们是以有闲阶级男性代理人的身份进行炫耀性消费行为的。那么,女性是如何成为有闲阶级男性的代理消费者的呢?让我们顺着起源去查明吧。

女性属于有闲阶级吗

在大家眼中,什么样的女性是美丽的呢?现在浮现在大家脑海中的女性形象是拥有着苗条的身材,纤细的四肢以及透明白皙的皮肤,穿着干练的名牌服装的吗?应该和电视剧中经常描述的上流阶级女性的形象很相近吧。从来没有劳动过,也从来没有被太阳晒黑过,而她们的工作是进行有规律的运动来管理身材,购买与身材相符的服装和装饰品,偶尔为了改变家里的气氛而挑选家具，享受着悠闲的饮食以及欣赏音乐等不从事任何生产性的活动。这种优雅地展示丈夫或者是父母所积累的财富的女性，难道不是前面我们所讲的有闲阶级吗？

但是，凡勃伦在说明有闲阶级的起源时就表明，在原始时代和之后的掠夺时代，有闲阶级一直是男性。原始时代的女性由于从事着日常劳动，所以不属于有闲阶级，掠夺时代的女性也是如此。在掠夺时代，参与部落间战争的有闲阶级男性将成为俘虏的女性们视为参与劳动生产的奴隶，并成为男性积累财富的手段。有闲阶级并不是在某一天突然形成的，只是在人类制度进化的过程中，有闲阶级的外形在不断变化而已。因此，即使社会条件发生了变化，女性也不会突然变成有闲阶级。

那么，我们首先应该了解，女性是如何渐渐享有有闲阶级男性的炫耀性消费特权的。总之，在从父母那里继承相当财产数量的有闲阶级女性出现之前，从严格意义上来讲，并不可以将女性称为有闲阶级，女性一直是以有闲阶级男性的"代理人"身份进行炫耀性消费的。

那么女性是如何成为有闲阶级男性的代理消费者的呢？

从作为有闲阶级出生的女性免于劳动开始

正如前面所说，在掠夺性的野蛮时代，女性是男性的所有物，女性俘虏被作为炫耀男性勇猛性的战利品。另外，女性为男性积累财富提供了劳动力。在这个时代，为了被认可为富人，就必须要拥有更多的女性。女性奴隶承担着耕地、负责生产和主人的衣食住行等家务劳动的角色，而专门负责家务劳动的奴隶，自然而然地得以免于从事生产劳动。

另外，随着时间的推移，渐渐地，人类社会从野蛮的掠夺时代向农业经济过渡，在部落集体中习惯定居生活的男性已经没有必要从其他部落来掠夺女性。因为，在此期间增加的奴隶数量，已经足以应付生产活动，并充分积累了财富。在这种定居文化发达的地方，有闲阶级男性的正妻大部分出身名门望族。所谓名门望族，是指长期维持财富的大家族，拥有这种祖先的女性被选为有闲阶级男性的结婚对象。

但是，即使在这个时代，女性仍被视为像财产一样的存在。在结婚之前，女性是娘家父亲的所有物；在结婚之后，女性成了丈夫的所有物。即使女性的出身相较于男性处于劣势，也可以通过生出上流阶级的儿子，将这些女性的地位提升到比女性奴隶更高的地位上。随着这种习惯成为社会规范，她们在一定程度上可以享有与上流阶级男性一样享受闲暇时间的权利。不仅如此，这些女性还可以免除包括手工劳作在内的卑微的劳动。

随着生产力的不断发展，不仅是有闲阶级的妻子，甚至是下人也可以免于从事生产劳动。由于生产力的不断发展，财富更加集中到少数人手中，上流阶级的财富便达到了更高的水平。主人为了向别人炫耀自己拥有了更多的财富，就会更热衷于进行炫耀性休闲和炫耀性消费。

而这意味着有闲阶级男性进行炫耀性休闲和炫耀性消费所需要的各种准备活动和家事劳动规模将进一步扩大。例如,准备一次宴会需要负责高水平料理的仆人、将宴会场地华丽装饰并执行其他服务任务的众多仆人以及计划和准备这一切的管家等。渐渐地,他们开始免除像耕地这样的体力劳动。有闲阶级男性的正妻和继室以及仆人不必再参与农业、手工业和其他卑微的家务活,而是转向满足主人的自尊心。随着服务主人的意义越来越重要,由专职仆人所组成的特殊阶级也就越来越发达。

比起积累主人财富的实际劳动及耕田等直接生产活动,专业化的仆人和妻子反而在证明主人名誉和自尊心的炫耀性工作中起到更大作

> 为了主人的品位，我们不从事生产活动。

管家
伺候主人的阶级

侍女
负责家务的阶级

农夫、矿夫等
从事生产活动的阶级

用。像这样，拥有着免于从事生产劳动的下人成了主人证明财富和权力的标志。

他们的休闲活动主要包括为主人提供的服务，对家庭用具的维护管理等。从家务劳动并不属于生产性活动这一点来看，尽管这种活动可以看作是休闲活动，然而这与有闲阶级的休

第三章 女性是炫耀性消费的主犯吗

闲是不同的，我把这命名为"代理休闲活动"。

特别是，这种代理休闲活动还要求执行雇主阶级的礼仪，并最终形成了更高级、更干练的体系。要想掌握烦琐的料理方法、各种香辛料的知识、招待客人的礼仪以及各种处理葡萄酒的手艺、挑选制作主人服装的高级布料的眼光、制作具有设计感的衣服的能力，就要具备仅次于主人的礼仪和知识。为了更好地服务主人，就需要投入时间和精力来接受特殊的训练。像这样，拥有训练有素的仆人也成了主人受到过更高水平教育的象征。因为如果仆人的手艺笨拙，则证明主人自身没有得到相应地训练。换句话说，如果仆人拥有正确的礼仪、服务规范，则代表着主人有能力投入相应的时间、费用、努力以及教育。像这样，仆人的主要用途仍然是为了证明主人的财力。

就像在初期农业经济时代，如果拥有有能力的仆人，就能证明有闲阶级男性的能力一样。擅长家务劳动的妻子同样也具备着展示丈夫能力的用途。而这两种女性身份的划分是在农业经济发达且身份制度适用于女性的时期形成的。随着有闲阶级经济水平的发达，这两种身份逐渐演变成悠闲的上流阶级夫人和女仆两种形态。

通过妻子来炫耀自身的有闲阶级

尽管在中世纪的社会也存在着贵族女性，但是，她们仍然是作为父亲或者是结婚后丈夫展示自身财富的代理人的角色而存在。不仅如此，这些女性比起有能力的仆人，更能有效地证明男性所具备的能力。例如，自己的妻子穿着紧身衣，以纤细的身材穿着华贵的礼服的姿态出现在众人面前，就仿佛能证明"看！我的妻子无须从事任何劳动，而是作为穿戴着丈夫所给予的昂贵礼服和宝石，作为丈夫的财富象征"。

因此，像这种把女性身材勾勒为极其纤细的形态的紧身衣，也是展示有闲阶级金钱的手段。将自己的妻子和女儿打扮得漂漂亮亮，向她们灌输许多知识，使她们熟悉烦琐的礼仪，这也体现了有闲阶级男性长时间将女性视为展示自己能力的财产的习惯。不仅是有闲阶级男性自己，甚至他的妻子，也拥有着高级的教养。像这样，有闲阶级男性通过妻子来炫耀自己有能力给自己的妻子投资时间和金钱。

随着财富水平应该不断提高的认识不断蔓延，有闲阶级也渐渐拥有着更多可以展示自身剩余财产的仆人，进而产生了应该更大程度奴役仆人的风气。虽然拥有和管理从事商品生产的奴隶象征着自身拥有着财富以及具备着勇猛性，但是，如果拥有着从事非生产性活动的仆人，则可以证明自身拥有着更多的财富和更高的地位。

另外，被聘用者的劳动也进行了分化。如果一个集体为主人生产商品，那么，由他的妻子领导的集体则将其生产的商品作为体现主人炫耀性休闲生活的手段来进行消费。这最终证明，即使主人不损害自己的巨大的财力，也能承担生产和消费所需的巨大金钱损失。

上流阶级女性，现代社会炫耀消费的代理人

在现代产业社会中，人们通过现代社会高度发达的科技来满足日常的娱乐和便利。因此，在当今社会，几乎看不到聘用众多仆人的有闲阶级了。不过，在今天，仍然存在着聘用保姆或管家的富裕阶级。在他们看来，由于自己需要承担许多社会责任，并且有太多的"大事"等着他们处理，所以不能顾及家务劳动。换句话说，"他们为了维持自身的体面，必须将时间和精力投入各种社交聚会、体育活动、慈善活动等炫耀性的休闲活动之中，并且为了这样的活动，还要致力于进行包括服装在内的

炫耀性消费行为，所以无暇从事家务劳动"。此外，"由于房子、家具、装饰品、服装、餐桌等炫耀性消费所需要的商品非常复杂，因此，还需要聘用管理和帮助他们做这些事的人"。在当今社会，之所以需要保姆和管家这种能获得相当报酬、由雇员组成的特殊阶级，是因为他们在满足富人们体面的欲望的同时，还可以使富人们的生活获得便利。

随着身份制度的消失，依靠有闲阶级过活的众多代理消费者也随之消失。渐渐地，这些代理者的任务就交给了有闲阶级的妻子，于是，妻子成了代理休闲和代理消费的主要人物。在现代社会中，上流阶级的妻子们通过积极参加各种慈善活动来展示着丈夫的财力。她们通过与丈夫一起或独自参加各种大大小小的社交聚会，展示自己的礼仪教养、昂贵的服装。她们这种行为并不是为了展示自身的人格，而是为了展示丈夫的财力和教养。

像这样，上流阶级的女性成了体现男性财富水平的代理人，所以，女性们争先恐后地进行炫耀性消费。她们渴望拥有大多数人都无法轻易接触到的服装、宝石、旅行等。世界上只有10只的戒指、意大利的名牌设计师只设计了30套推向市场的服装、寻找在整个国家只有两个的限定名牌包。她们陷入了要最先拥有这些奢侈品的竞争心理。这是因为，"独树一帜"的浪费行为能够给她们的丈夫带来名声。

我们常常认为进行浪费性消费的主犯是女性，每当对名牌商品的过度消费成为热点时，就会有人指责"女人真是个麻烦"，并认为女性

浪费成性。不过，在听了讲解之后，我们可以发现，在女性进行炫耀性消费行为的背后，实则是有闲阶级男性炫耀金钱的竞争。

中产阶级的女性为什么会进行炫耀性消费呢

但是，不仅是上流阶级的女性，中下阶级

第三章　女性是炫耀性消费的主犯吗　◆　105

的女性也会进行炫耀性消费。我们可以理解，为了展示有闲阶级男性的财力，上流阶级的女性热衷于炫耀性消费。但是，对于中下阶级的女性来说，她们为什么会进行炫耀性消费呢？这纯粹只是因为她们想要跟随上流阶级社会女性的虚荣心吗？

在现代产业社会以前，中下阶级的人们被聘用为有闲阶级的代理消费者从而得到了有闲阶级的赞助。也就是说，中下阶级的人们作为有闲阶级的代理消费者，也参与了炫耀性消费。虽然自身不具备财力，但是作为研究学问的学者、艺术家等有闲阶级生活的管理者以及从事有闲阶级相关工作的众多代理消费者们却并没有直接从事生产活动，而是在有闲阶级的赞助和支持下，共享炫耀性休闲和炫耀性消费。但是，在现代产业社会中，许多代理消费者被分化成中下阶级，便再也无法享受到炫耀性休闲了。这些代理消费者根据经济环境的变化，要通过具有生产性质的就业来维持生计。因此，中下阶级消费者的炫耀性休闲被完全废除了。

但是，中产阶级的妻子仍然要为了提高丈夫的名誉进行炫耀性休闲和炫耀性消费活动。由妻子全权负责的休闲活动是为了炫耀妻子可以不用也没有必要从事任何工作。由妻子全权负责的休闲活动，并不是单纯地表明妻子的懒惰或者是懒惰的标志。妻子的休闲活动由一定的家务劳动、社交活动等构成。事实上，如果我们仔细观察这些活动，就会发现妻子并不从事也没必要从事任何能够保障其收入的工作。

妻子将家里收拾得干干净净仿佛诉说着丈夫的喜好，并证明她把一切都奉献给了家务。这是根据为了生活的舒适性，家庭主妇要毫无保留地付出时间和费用的法则而形成的传统方针。在这些中产阶级家庭的装饰品中，更能够获得名誉、更值得"向别人炫耀"的物品一方面成为炫耀性消费的凭证，另一方面则成为家庭主妇全权负责的代理休闲的证据。像这样，中下层阶级的男性，为了维持社会体面，为了家人和自身的名誉，仍然要求妻子通过炫耀性消费行为来消费一定数量的财物。因此，在原始社会中，向男性提供并生产商品的女性在现代产业社会中成了"例行"消费男性生产的财物的消费者。像这样，中下阶级的女性为了维护丈夫的体面而进行的炫耀性消费与上流阶级女性的炫耀性消费没有什么不同。

中产阶级为什么无法摆脱炫耀性消费

处在中产阶级以下的下层阶级所进行的代理性消费与有闲阶级的炫耀性消费有所不同,但尽管如此,下层阶级还是无法摆脱有闲阶级所享有的炫耀性消费。这是因为,他们梦想拥有有闲阶级的生活。对于下层阶级来说,有闲阶级的生活处于比自身更高的生活水平。为什么会这样呢?这是因为有闲阶级的生活礼仪和价值标准被认为是获得社会声誉的标准。也就是说,为了获得社会声誉,则必须要遵循有闲阶级的生活方式。尽管下层阶级无法达到有闲阶级的生活标准,但是,他们还是会选择尽可能地遵循这一标准。最终，各个阶级的成员形成了要追求比自己更高一级的阶级所流行的生活方式的共识，并且他们致力于追求这种理想的生活方式。

在现代产业化高度发达的社会中，财富成了获得名誉的标准。在展示财力的同时，能够维持名誉的方式就是进行休闲性活动和炫耀性消费。在具备休闲和消费可能性的中下层阶级中，这两种方法都是非常流行的。另外，在这两种方法所流行的中下层阶级中，这两种任务大体上由家庭主妇及其子女全权负责。而这些下层阶级的男性，只能中断自身的炫耀性消费，并通过妻子的消费行为来彰显自己拥有一定的财力。这样一来，在构成社会的任何阶级中，甚至是处于绝对贫困的平民，都无法从这种习惯性的炫耀性消费所带来的诱惑中摆脱出来。因此，连下层群众也为了炫耀自己具备一定的财力，购买最新流行的服装、装饰品，并甘愿承受这种悲惨的生活以及做出违背常规的行动。

在当今时代，下层阶级的炫耀性消费心理史无前例地膨胀，即使是微小的评判，也会产生相当大的影响。如果消费行为的规模小且简单，那么不符合自己收入水平的炫耀性消费只不过是为了维持表面体面的事实则很快就会暴露出来。随着衣食住行的不断发展以及人口流动，个人的行为很快就会暴露于众多人的视线之下。在这种情况下，大多数人除了通过将自己所拥有的财物（以及礼仪规范）展现给别人外，没有其他判断其名誉的标准。

在现代产业社会中，邻居们常常只进行机

械性的对话，因此，他们往往不属于社会层面上的邻居，更不属于熟人。那么，这些在日常生活中没有任何交集的人们，他们展现自身财力的唯一实际方法就是注重表面文章。此外，在现代社会中彼此不了解的人们常常聚集在一起，比如，教堂、剧场、酒店、公园、商店等场所。在这种情况下，人们想要给这些素不相识的人留下深刻的印象，并吸引他们的视线来获得自我满足的话，就需要让别人感受到自身所具有的财力，即注重表面消费。

> 越是像衣服、皮鞋、包等具有明显外部装饰特性的商品，炫耀效果越重。

炫耀性消费不仅是作为获得名誉的手段，而且还是强调维持体面的要素。炫耀性消费对于人与人之间广泛接触，人口流动巨大的社会来说，被认为是最好的消费。因此，炫耀性消费在人口众多的城市中呈现出过热的倾向。

现在大家理解为什么人人都想成为富人了吗？所谓富人是指可以随意炫耀自身财力的人。因此，在现代社会中，富人成了人人向往的对象。与中世纪的贵族不同，我们相信富人在产业社会中起着重要的经济作用，这与前面所说的有闲阶级不同，我认为现代的富人从事着生产性活动。

但是，我认为，就像在掠夺性的未开化时代和农业经济时代的有闲阶级是非生产性的存在一样，现代社会下的有闲阶级也热衷于进行非生产性的活动。因为，有闲阶级的属性一点都没有发生变化。

我将在下一章中为大家讲述对此我的观点。

> 扩展
> 知识

轿车老板

在某大企业任科长第二个年头的金某(36岁)终于在中秋节前夕下定决心购买了新款轿车。虽然金某本来想购买和自己以前那款汽车一样的中型车,但是抱着要买就买大型车的心态,金某最终购买了大型车。

金某表示:"由于车子平常不用来通勤,所以不必考虑燃油费问题。周末的时候开车和家人一起去家附近的景点玩耍,所以,出于安全性考虑选择了宽阔的大型车。以前觉得大型车只有高管或有钱人才能乘坐，但是，我很喜欢新车型的年轻设计感和各种方便于操作的功能。"

金某还表示："自己购买大型车还有其他的理由，因为很多时候，开着小型车出行会有一种畏缩不前的心理，即使开车去酒店也会无缘无故地担心。虽然说自己也不经常去酒店，所以也不存在什么问题，但是，在日常生活中，还是有很多人看不起开小型车的人。"

"从轻型车入手，之后换成小型车，再换成中型车"，这种随着年龄的增长，收入不断提高，所驾驶的车型也逐级上升的观念已经行不通了。无论是年轻人还是中年人，根据收入和喜好来购买车辆的倾向，如今正在进一步扩散。

纵使如今经济不景气，但是大型车在市场的占有率仍然在大幅度提升，这是因为像金某一样属于中产阶级的消费者们难以摆脱拥有大型车的欲望。

业界相关人士表示，虽然中小型车的潜在顾客仍然受到经济不景气的影响。但是，随着中大型新车的上市而不断展开价格下调的竞争以及喜欢高级车的需求人数也在不断增加，预计短期内喜欢大型高级车的人会不断增加。

在这种大型车热潮中，中产阶级想要追赶上流阶层的炫耀性消费心理也是原因之一。

妈妈，我也想要买平板电脑和北面夹克。我们班只有我没有。
老公，我也想要貂皮大衣，同学聚会上只有我没有。
我可是有能力满足家人需求的男人。
家人，特别是妻子的消费，彰显着男性的财力。
SALE
中世纪贵族们也通过妻子炫耀自己的财富。从历史上看，妻子是展示丈夫财富的代理人。
这种炫耀性消费在现代社会变得更加严重。因为炫耀自己能力的方法只有通过表面上的财物。

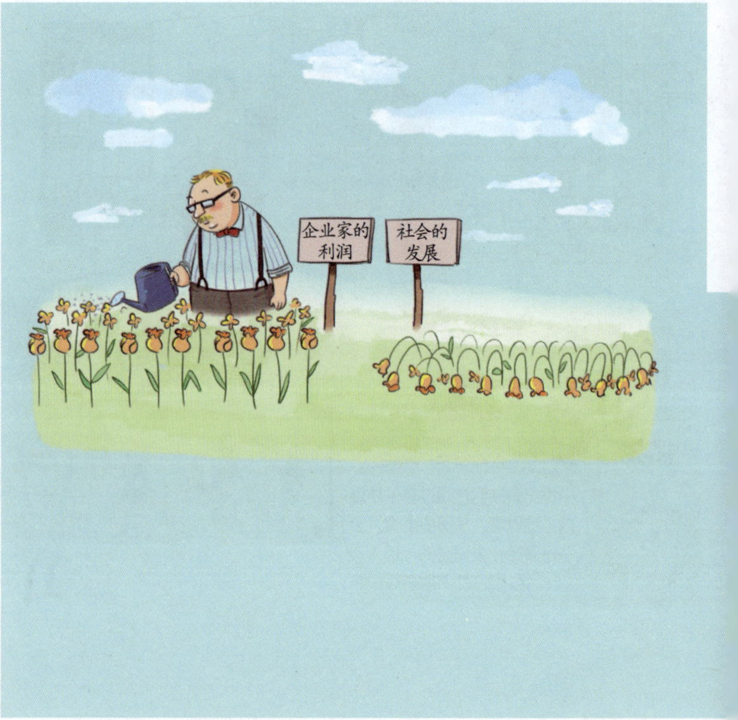
企业家的
利润
社会的
发展

第四章

企业家的利益和社会的利益

企业的经济活动包括生产活动和追求利润的活动,那么这两者是一回事吗?让我们来比较一下新古典派经济学家的理论和凡勃伦的理论吧。

企业家追求利润的行为是否有益于社会发展

大家尊敬大企业的董事长吗?是因为他是富人大家才尊敬他吗?还是因为他的企业活动使得社会不断发展才尊敬他呢?抑或是因为他拥有着其他人不具备的天才般的大脑呢?即使这些都是我们"尊敬"他的理由,但是,这都是以他个人的社会意义为前提的。

我们常常在脑海中把大企业的董事长看作

能够使我们的社会经济生活更加富裕的人。这种大企业的董事长经营着许多公司,创造了许多就业岗位,并为了技术革新投入大量研究费用,创造许多新产业,是具有很强能力的人。我们认为,他所做的一切使社会的利益得以增大,因此,我们尊敬他的经济才能。

但是,在凡勃伦看来,企业家们并不是那么值得尊敬的,在他所生活的19世纪末的美国被称为是经济繁荣时代。美国在不过20～30年就从以农业为基础的国家成长为大规模以工业为主的国家,主导工业领域的企业家们不约而同地向劳动者们每月支付低廉的薪水,他们垄断着美国的自然资源,并且尽可能的笼络政界人士投入资金进行游说活动。在南北战争结束不到半个世纪,美国就成为世界上最强的工业国家。从1860年末到1900年，美国的工厂数量足足增加了4倍，劳动者数量增加了5倍，资本总量增加了9倍。

然而，在成为这样的工业国之前，美国的农民们付出了相当大的牺牲。在1890年到1894年，堪萨斯州地区抵押的11000多个农场被随意处理掉。随着怀揣着希望前往美国西部的开拓者们的梦想落空，无奈之下，他们只能再次回到城市成为贫民。最后，小麦的价格下跌到1蒲式耳[①]5美分[②]以下，许多美国中西部地区的村落纷纷破产。

在当时，以农民的破产为背景，石油、钢

[①] 蒲式耳：又称英斗，英制的容量及重量单位。主要用于量度干货、农产品的重量。1蒲式耳=36.369升——编者注

[②] 美分：100美分=1美元。是美元最小的使用单位。——编者注

铁、铁路公司支配着工业产业。经营这些公司的洛克菲勒（Rockefeller）、卡内基（Carnegie）、范德比尔特（Vanderbilt）等企业主拥有了连美国总统都想象不到的强大力量。他们向雇用的劳动者提供低廉的薪水和恶劣的劳动环境。我经历了农民、工人、技术人员等多数底层美国人挨饿，但少数企业家却变得更加富裕的奇怪

时代。这时美国分化为两个集团,即"产业领导人和下层居民"。

这样的现实情况使得人们对亚当·斯密所主张的"企业家的利益就是社会的利益"的观点产生了怀疑。虽然,新古典派经济学家仍然支持亚当·斯密的主张,但是凡勃伦所经历的现实却与他们的主张大相径庭。亚当·斯密认为:主张企业家追求利润的行为对社会整体利益是有益的。

"个别企业家只追求自己的利益,对社会全体的利益并不关心。他们只是为了追求自身的利益而做出合理的决定而已。在市场中,每个经济主体都为了提高自身利益而努力,最终社会整体的利益就会增加,这是因为社会整体的利益是个人利益的总和。"

凡勃伦把新古典派经济学家们认为亚当·斯密的这种主张是正确的理由与第一章中说明的边际生产费用联系起来为大家进行了说明。

"企业家为了实现自身利益的最大化,根据现有的生产设备来计算应该投入多少的劳动力,通过比较总收入和边际费用来决定雇用多少工人。这种合理的决定调节了市场上的供应量,企业各自获得了合理的利润,消费者以均衡价格购买商品并获得利益。"

之前在第一章中,我们通过"市场的性质"发现了这种主张存在的问题并进行了说明。我们分析并说明了新古典派经济学家所主张的完全竞争市场是否存在。在本章中,我们将从企业家的利润性质方面来验证该主张存在的问题。与亚当·斯密和新古典派经济学家的主张不同,凡勃伦认为企业家的利益和社会的利益是两回事。下面我们将为大家讲述他的主张。

营利活动和产业活动是不同的

2004年夏天,飓风"查理"(Charley)从墨西哥湾咆哮奔出,席卷了美国佛罗里达州。在这次灾难中,死亡人数约达22人,并造成了高达近100亿美元的损失。然而,在这次飓风后,美国奥兰多市的某加油站把平时售价为2美元的冰袋以10美元的价格出售;建筑商在清理两棵压在屋顶上的树时,足足收取了23000美元的费用;经营着家用小型发电机的店铺把平时售价为250美元的发电机以2000美元的价格出售;而平时一天费用为40美元的酒店,在飓风事故后,竟向顾客索要160美元。

对于这种高价行为,佛罗里达州的居民表示愤慨。佛罗里达州的法务部长认为,利用他人的痛苦和不幸来谋取利益的行为是不对的,因此,决定实施价格暴利处罚法对这种行为进行制裁。然而,在当时,一部分经济学家却对法务部长的决定表示反对。他们认为:"市场要价的行为并不是暴利行为,这既不是贪婪也不是无耻,而是在自由社会中分配财物和劳务的方式。对于由于强烈的飓风而陷入生活苦恼的人们来说,虽然价格暴涨是一件令人生气的事,但是也不能因为价格暴涨感到气愤就妨碍市场自由。"

这些经济学家们认为,眼下的市场混乱是由于供不应求导致的,因此,如果放任不管,

价格暴利
指为了获得过高利益而做出的不正当行为。

市场价格会自然而然地形成均衡价格。并且，这些经济学家们相信：所有经济主体的经济活动都是追求利润的活动，这与个人意图无关，并将会对社会发展有益。

但是凡勃伦认为，这些追求价格暴利的商家和企业的目的在于谋取"金钱性的利益"。这种营利活动对社会发展没有任何帮助，佛罗里达州这些追求暴利的企业家们只是想通过利用居民物资不足这一不幸的现实来捞一把钱而已。比起担心自己的暴利行为会导致消费者消费能力长期减少，他们更关心能否借此积累更多的快钱以提高企业的利益。当消费者的消费能力见底时，虽然由于消费者需求的不断减少，会导致商品价格随之下降，但是，他们只要向另一个市场供应商品就可以了。像这样，企业追

求金钱性利益的行为，只会填饱企业家的肚子而已，而这与消费者的利益没有任何关系。

尽管如此，亚当·斯密和新古典派经济学家们仍然认为，只追求自身利益的企业的经济活动最终对社会全体的利益是有益的。他们认为生产活动和追求利润的活动都是同样的经济活动。但是，凡勃伦却认为，应该将经济活动分为两个领域的活动，一个是产业活动，另一个是营利活动。如果说技术人员、劳动者的活动主要属于生产商品的产业活动，那么企业家追求利润的活动，则主要属于营利活动。

金钱至上的企业家

产业活动的首要目标是高效率地生产高质量的产品。虽然产业活动并不是只在资本主义社会出现，但是，却是使资本主义的物质性基础得到保障，以及使技术和生产力得以发展的活动。而在野蛮时代，由奴隶全权负责的生产活动；在封建时代，由农民全权负责的生产活动就属于这一范畴。"将系统性地合作生产组织化以及对生产技术知识的合理运用"是产业活动最突出的特点。在农业经济时代以及资本主义经济中也是如此。发展生产力并积累物质性财富的活动无论何时总是通过劳动者之间的合作和使用共同积累的知识得以实现的。在农业经济时代，农民们通过研究新的耕种方法，并且共享这种方法来增强生产力，通过共享农业技术以及共同工作，使得产量得以增加。此外，近代的工业产业生产也是通过共享社会的技术遗产、技术知识才得以实现，并通过工人、技术人员、产业体之间的相互关联性来提高生产效率。

但是，营利活动和我上面所提到的产业活动是完全不同的两个领域的活动。所谓营利企业活动是指"为了追求利润而进行投资"的活动,其目的并不是为了使生产力得到发展,而是为了"积累货币"。也就是说,营利活动的目的并不是为了生产财物,而是为了金钱性的利益。企业的营利活动具有"只有在对获得金钱性利益有所贡献时,才会对生产力发展有所关心"的特性。也就是说,为了金钱性利益,财物生产是可有可无的。

为了金钱利益,参与商品生产的营利活动既可以增加也可以减少。在开发新技术上市新产品时,企业家们为了使现存的产品能够更多地卖出去,就会延迟新技术的开发并推迟新产品的上市。这种情况就属于为了金钱利益降低生产力发展的情况。为了获得金钱利益,企业家们既有可能大规模聘用劳动,也有可能不正当地解雇裁员。为了获得金钱利益,企业家们既有可能投资新兴产业，也有可能无情地收回已投入在产业中的资金。

和产业活动形成对比的营利活动的代表性事例就是金融企业家们追求利润的活动。在2008年，美国金融市场的危机就表明了企业的营利活动与社会发展没有关系。由于住宅担保贷款的金融商品利率很高，银行可以获得很多利益。但是，如果向金融偿还能力不足的消费者销售这种贷款商品的话，消费者和企业则有可能受到很大的打击。然而，急于获得高利息所带来的利润的美国金融公司并不考虑消费者的贷款偿还能力，反而盲目地销售抵押贷款商品。像这样，

> 2010年，世界最大的投资银行高盛集团在销售金融商品时，以明知投资者可能会遭受损失却没有事先告知为由，被美国证券交易委员会起诉。高盛集团因金融商品的暴跌而获利，但是，顾客却遭受了10亿美元以上的损失。

由于过度售卖导致许多金融企业倒闭，而消费者则债台高筑。

还有许多能够证明企业家追求利润的过程与社会发展无关的事例。例如，为了追求利润而大量生产牛肉的企业，最终导致疯牛病这一具有威胁性疾病的发生的事例。为了使原本为食草性动物的牛能够快速成长，许多畜牧业从业者们研究出了牛肉骨粉这一饲料，即用牛羊肉和骨头磨成粉和甘草混合在一起并制作成饲料，牛在吃了这种饲料后得了疯牛病，而食用这种牛的一部分人便成了疯牛病患者，真是可怕啊！

但是大家可能会问：

"凡勃伦，虽然存在着金融企业家和畜牧业从业者们盲目追求利润，最终对社会造成危害的事例，但是，大部分的企业家们向产业投入资本，并扩充生产设备，这些难道没有对生产力的发展做出贡献吗？"

当然，企业家们通过投资金钱来购买工厂设备并扩充生产线。因而，如果投入资本购入更多的劳动力，那么工作岗位自然而然就会增加。

但是，凡勃伦想说的是并不是所有的投资的目的都是为了发展生产力或是促进产业的发展，而是为了"金钱性利益"。企业家投资并不是为了产业的发展，而是为了"金钱性利益"和"金钱的积累"。企业家们为了赚取更多的金钱，常常会做出与产业发展无关的行为。因此，企业家们常常会做出减缓生产力发展以谋求金钱利益的行为。

在美国，有一家著名的生产运动鞋的公司叫耐克。该公司的经营者为了寻找更加廉价的劳动力，在印度尼西亚建起了工厂。当然，耐克公司也在当地投资了新的生产设备，还准备了新的工厂用地。但是，耐克公司在印度尼西亚寻找廉价劳动力的时候，竟聘用了儿童，因此收到了来自世界的指责。此外，耐克公司还减小了原本建立在美国的耐克工厂规模。宁愿面临着本土工厂倒闭和失业者增加的风险，耐克的经营者还是放弃了美国的技术熟练的工人，却转头去寻找技术尚未成熟的印度尼西亚的年轻工人。这是为什么呢？理由只有一个，那就是通过聘用廉价劳动力来获得更多金钱性利益。耐克是全世界最畅销的运动鞋品牌之一，可以说是在运动鞋领域赚了最多钱的公司。但是，该公司追求利润的方式与帮助社会发展没有太大关系，单纯只是为了赚取更多的金钱而已。

不仅是耐克公司，在全球化时代，许多大型企业所追求的并不是能够使本国国民的生活质量有效提高的产业发展，他们追求的是通过跨越国界以更低廉的成本来获得更多的金钱性利益。因此，即使本国的社会失业率增加，企业们也更愿意在发展中国家建立工厂，寻找更加廉价的劳动力。即使企业的销售额增加，企业也会选择提高非正式员工的占比，并降低退休年龄。企业比起投资开发出质量更加良好的商品，反而投入更多的广告制作费致力于以高价向消费者售卖产品。因此，当企业家拥有更多的金钱性利益时，失业人数就会越多，贫富差距也就会越大。而这与亚当·斯密所主张的"企业只需要追求自身的利润，社会整体利益自然而然也会增加"的主张相差甚远。

此外，我认为，由于企业家的营利活动无法被看作是生产活动，因此企业家追求利润的行为和社会整体的利益没有关系。那么，既然企业家并不是直接参与到生产活动中，为什么能够获得公司利润的很大一部分呢？

对此，凡勃伦认为：

"企业家之所以能获得公司的许多利润，并不是因为企业家在生产过程中发挥了多大的能力，而是由于他对'自己所拥有的东西很重要'这一点产生了误解。"

那么，企业家以及资本家所拥有的东西是什么呢？那就是他们拥有能够提供工厂运营、

资本品

是指投入生产的建筑物、机械、工具等生产要素。资本品是由人类劳动或其他资本货物后天生产的生产要素。从这一点来看,资本品与其他生产要素(劳动、土地)具有差异性。

购买设备和原材料的金钱。这就是我们所说的"资本品"。资本品在生产商品方面起到了重要作用的这一传统观念,使得企业家获得的高额利益被视作理所当然。当然,现代的资本家们并不是只拥有资本品,他们还拥有着许多"股票"形态的公司股份。资本家们所拥有的东西,使得他们可以带走更多的金钱利益,而且最重要的是,人们对资本品非常重视,而资本家、企业家们则拥有着可以购买更多"资本品"的财产。

接下来,我将会首先向大家介绍资本家们积累财富的过程,并且为了使大家更好地理解,我将对所有权进行说明。那么,让我们来了解一下资本家们所拥有的资本品在生产活动中起到了什么样的作用吧。对此,接下来我将为大家说明资本家的所有权以及其所有权所产生的影响是多么的夸张。

所有权如何实现正当化

大家认为遗产税是正当的吗?所谓遗产税是指富人的后代在继承财产时,要缴纳相当金额的税金的制度。这一制度在许多国家引起了争议或是被废除。但是,在许多国家,仍然存在着遗产税制度。

听起来是不是很过分?这是在无视父母想让子女们安乐生活下去的想法吗?但是,如果是我从富裕的父母那里继承财产,那么,财产的所有权又如何实现正当化呢?仅仅是因为我

非劳动所得
指不是通过自己劳动而获得的收入。

是父母的孩子、是他的家人,就可以在与我的努力无关的情况下,将父母所积累的财产化为我的所有吗?

这个问题有些许复杂。从父母那里所继承的财产叫作"非劳动所得"。从批判社会不平等的层面来讲,应该对遗产税这一制度表示支持。相反,从个人所有财产自由这一层面来讲,则应该首先尊重继承主体的自由意愿。

凡勃伦不想将这个问题,只局限在"继承人的所有权"上,而想扩大到"创造继承条件的人的所有权"上。换句话说,让我们来探讨一下,在我们的社会中富人是如何拥有财产的吧。

在西方学者中,对所有权研究最多的人是一位名叫洛克(Locke)的社会学家。洛克将所

有权的起源与"劳动"联系起来进行了说明,他认为:

> **排他性权利**
> 指通过排他性行为,独占资源来获得利益。

"在神的面前,虽然所有人都共享着世间万物,但是劳动的人可以通过劳动来拥有事物,并通过他的劳动来排除他人的权利,获得排他性权利。"

生活在17世纪的洛克认为,像这样,对处于自然状态的事物投入劳动的人拥有对这个事物的权利,而洛克的这种主张至今仍然受到关注的原因是因为带头并有效对自然进行改造利用的人是企业家。因为开发煤矿、开发石油、建立工厂、制造生产设备、制造可用产品的人就是企业家。而作为努力的代价,企业家拥有了工厂、土地、生产设备的所有权。

但是纵观过去,开垦不毛之地,并将其建

设成可以进行生产的空间,且努力创新的行为很少被认可对其拥有着所有权。无论在哪个时代,财富都是在掠夺和世袭的过程中获得的,而在此过程中,也强化了其对财富的所有权。

英国的圈地运动

1814年到1820年,在英国发生的圈地运动是证明所有权是具有掠夺过程的代表事件。19世纪初,在英国,许多农民仍旧以务农为生。在数百年期间,欧洲的农民们一直在这片土地上耕种,因此,准确来说,这片土地不属于任何人。拥有土地权利的庄园地主们从国王那里得到了"土地的使用权"。然而,土地的使用权和所有权不同。使用权是指通过使用土地来收获农产品的权利,而所有权是指把土地用于除了务农之外的用途或者销售给其他人的权利。如果说，庄园地主们拥有对土地的使用权，那么，农民拥有的就是在地上进行耕种的权利，即"耕作权"。在中世纪社会有一个不成文的规定，不能从数百年来祖祖辈辈都从事农耕生活的农民手中随意剥夺其耕种的权利。

但是有一天，农民的土地上却开始建起了篱笆。政府官员表示："这块土地现在已经归私人所拥有，并且这里已经建起了篱笆来养羊，所以今后这里不能再用来耕地了"。然而，村子里的村民们无法相信自己即将被赶出这片他们数百年来所生活的土地。不仅如此，就连农民们自由使用的公用土地也变成了私人所有。也就是说，在村子里，用于喂养牛、马、羊的土地都变成了私人所有。

因此，从1814年到1820年，约有15000名居民被赶出了自己原本的居住地。那么，这些居民该去往何方呢？答案是：他们无家可归，散落在城市里的各个巷子里，成了露宿街头的人，或者进入了农村的工厂里。

在18世纪到19世纪，英国有许多地区的

农田最终变成了养羊的草场。这最终导致了英国总人口1/3以上的英国人为了寻找工作而背井离乡。

在16世纪到19世纪，英国制定了国家承认贵族拥有土地的权利的法律，国家向包括庄园地主在内的具有财力的贵族承认了土地的个人所有权，并获得了相应的金钱代价。

在当时，在全世界范围内建立殖民地已久的英国，可以将从殖民地生产的粮食以低价运输到国内，而这导致了国内粮食价格的下降。如果粮食价格下降，农民们即使努力地进行耕种，也不能以应有的价格进行出售，这时农民就会受到损失。同时，在当时的英国，由国家带头支持和培养的纺织业，随着规模日益扩大，作为纺织业的原材料——羊毛的价格也水涨船高。

渐渐地，有许多从国家购买土地的贵族发现，比起将土地用于耕作，通过出售羊毛获得的利益会更可观。因此，他们在自己的土地上建起了篱笆，并且禁止农民出入，甚至他们还买来农民使用过的空地来饲养更多的羊。在当时，鼓励发展工业的国家政府允许了这样的行为，而这更加助长了他们的这一做法。

就这样，庄园地主们在土地上建起了一排又一排的篱笆。19世纪，以英国为中心，在土地上建起篱笆并驱赶农民的事件被称为"圈地运动"。

像这样，在中世纪末期以英国为中心的许多欧洲国家制定了认可贵族及新兴富人对土地的所有权的法律。然而，这一法律却让数百年间使生产力得以发展的农民们什么权利也没有获得。而这其中的代表事件就是所谓的"篱笆运动"或"圈地运动"。通过这个运动，使得在数百年期间，曾经被国家认可的农民对土地的耕作权变为了无用之物。然而，这种行为却只是为了满足地主阶级能够积累更多金钱的欲望。

我在第二章中曾经说过，最初的所有权是在掠夺性的野蛮时代有闲阶级将女性视为奴隶而产生的。洛克虽然从"投入的劳动"中寻找有闲阶级对所有权的正当性，但是，正如前面所说，最初的所有权是针对女性劳动的所有权，是通过对其他部落的掠夺得以实现的。在这之后，有闲阶级的财富积累过程，也不是通过投入劳动得到的，而是通过掠夺的产物——

奴隶生产所得到的。就像中世纪末期的圈地运动一样，将农民的生活根基连根拔起，这种通过拥有土地并且将拥有的土地只用于赚钱的地主行为与掠夺行为没什么两样。而这种行为在资本主义积累资本的全过程中很容易找到。例如，为了把印第安人生活的美洲变成个人所有而展开的掠夺和屠杀行为；为了积累更多的财富，把黑人当作动物一样猎杀，并且使其成为甘蔗田的奴隶的行为；把亚洲和非洲当作殖民地并进行掠夺的行为等。然而，这些事件并不是发生在未被开化的野蛮时代的故事，而是发生在资本主义成长的18世纪到19世纪。这种掠夺行为是对自然、对人类劳动力的所有权得到认可的过程，而正是由于这种所有权得到认可，使得通过所有物得到的利益变得名正言顺。

左右生产力的关键是产业技术的发展状态

那么现代资本主义会不会有所不同呢？

不管资本积累的历史如何，现代的资本家和企业家是以什么样的所有权为基础来获得利益的呢？那就是通过资本家拥有的对资本品的所有权来获得利益。工厂、工厂的生产设备、原材料等被称为"资本品"，而资本品由企业家所拥有。由于我们相信这些资本品对生产活动起着决定性的作用，因此，我们认为企业家获得在生产活动中产生的大部分利润是合理的。

对此，新古典派经济学家的主张是这样的：

"无论是资本家还是劳动者，只要对生产

效率做出贡献就能获得利润分配。也就是说，可以从数值上准确地计算出对生产做出贡献的生产要素（原料、生产设备、技术、劳动力）对生产结果做出了多大的贡献，并且，按照其贡献程度进行利润分配的方法是正当的。资本也像劳动一样，按照生产效率的贡献程度来给予其收入，那么，由于资本家拥有资本品，所以相对于劳动者来说，他们是更具有生产性的存在。"

也就是说，生产汽车零件的机器、制造玩具的机器、制造面粉的机器显然对费用的要求是不同的。此外，操作机器的劳动力也具有不同的价值，所以将这些费用换算成货币单位并计算其比重后，产品的最终销售额也可以按照比例进行计算。

那么，要想维持这种新古典派理论的话，就要求生产过程必须是彻底的、物质的，并且要具备准确的数量。但是，生产可以说是从一开始，就很难通过投入个别物质来计算出整体社会产物。

为了便于理解，让我们一起来看一看20世纪福特汽车公司所开发的传送带运输系统吧。在20世纪20年代，福特汽车公司以10人为一组来对汽车进行组装，即以10个人为一组，一起合作并完成对汽车零件的整合、安装发动机、安装汽车门板以及涂漆等工作。

福特汽车公司的创始人一直在研究如何能在更短的时间内生产出更多的汽车的方法。他在运动场大小的巨大车间里建

传送带
将皮带挂在两个轮子上，通过使轮子转动来搬运物品的装置。

造了一个圆形的工作台，并且，这个工作台可以像皮带一样进行移动，通过将制造汽车的过程细分化，使得每个皮带都有规定的区间，并在一个区间内反复进行同样的作业。在未完成的汽车在皮带上移动的期间，进行作业的劳动者只需要在自己的区域内进行移动，对汽车进行反复作业即可。即，拧螺丝的人负责拧紧自己面前汽车的螺丝，即使下一辆车移动到自己面前，他也只需要负责拧螺丝的工作，而刷油漆的人只需要负责刷油漆就可以了。

像这样，福特汽车公司引进了传送带运输系统，通过分工来增大生产量，而这种短时间内可以实现生产最大化的改进作业，开启了效率性的时代。在20世纪20年代，福特传送带运输系统开启了大量进行生产的时代，此后，这种系统渐渐用于所有产业领域。

在20世纪20年代，传送带运输系统获得成功的原因是由于福特汽车公司创始人天才般的想法吗？传送带运输系统使得福特汽车公司的销售额得以大幅度上升的第一个条件是，当时社会处在一个可以进行"大量生产、大量消费"的时代。即使是在20世纪20年代，汽车仍然属于奢侈品，因此价格非常昂贵。对于一般消费者来说，购买汽车是一项很大的负担。但是，对于经常出远门的美国人来说，他们非常渴望拥有"廉价又具有实用性"的汽车，因此作为炫耀手段的汽车成了美国人生活中的必需品。假设当时社会处于"多品种少量生产"的状态，那么福特汽车公司则很可能会陷入亏损状态。

多品种少量生产

指利用同样的生产设施，将很多品种的商品少量进行生产的方式。这是小规模工厂主要使用的方式，是每次接到订单就进行生产的体系的常用方式。

第二个成功条件是工人劳动技术的累积。我们常常认为机械优先，而工人应该适应机械而进行劳动。但是，能够大量进行生产的机械都是模仿劳动者的劳动而得来的。也就是说，当劳动者的技术性作业取得成功的时候，企业就会用机械来替代劳动者以实现快速生产。即，技术性的作业完成结果是由机械完成的。福特公司也是如此。在最开始以10人为一组对汽车进行组装的时候，就已经是通过许多的试错和研究，反复修改的结果了。传送带运输系统也是在经过了完美生产一辆汽车的技术性劳动之后，对劳动的全过程进行细分而得到的。

因此，在生产过程中最重要的角色并不是原材料或生产设备，在生产过程中，最重要的角色是在当时社会状态下"累积技术的状态"。这是非常重要的非物质要素。试想一下，在20年前，如果发明出智能手机并上市的话，是否会像现在一样具有人气呢？即使具备生产智能手机的设备、原材料等物质性装备，智能手机也无法像现在一样成为人人都想拥有的物品。由于通信技术的状态、消费者的沟通方式、网络、使用速度和使用范围等技术性、文化性情况和现在不同，因此，20年前制造出来的智能手机会成为没有什么使用价值的物品。同样地，如果把现在的半导体生产工厂转移到19世纪的话，由于无法使半导体工厂运作起来，对于当时的人们来讲，它也不过是一块废铁而已。即使能够使它运作起来并进行生产,也没有用武之地。因此,产品能够转化为具有经济效益、有用的资本品是由当时的"产业技术发展状态"所决定的。

因此,资本家所拥有的土地、工厂设备、原材料等物质性装备本身对生产发展并没有决定性的作用。相反,在生产中起到最重要作用的是非物质装备。资本家所投资的物质性资本品,虽然是生产所必需的,但是,这只是社会文化进程中的一部分而已,且这种资本品本身不具备任何生产力。

产业技术状态是人类的共同资源

那么,在生产中起到决定性作用的"产业技术状态"是在谁的努力下得到的呢?这不是由个人努力得到的结果，决定资本品价值的产业技术状态是由相关社会文化和技术整体经验所创造的。总而言之，这是谁都无法单独拥有的共同资产。

人类是无法在孤立的状态下，通过自给自足过活的。无论是个人还是家庭，或者是整个社会的经济发展，都无法在孤立的状态下维持下去。例如：人类最基础的发明——语言、火、工具以及如今的最新机械设备，常常与物质材料的实用知识一起出现。这两者常常成对发展，并且其知识量远超于个人的经验以及通过学习所获得的知识。对于这种用于生计的手段和方法的信息以及技术都归整个集团所有，我把这种知识命名为生产方面上的"非物质性装备"，也可以看作是集体的"无形资产"。

以个人创造性为基础的发明和发现只不过是使之前积累的人类共同知识又向前迈进了一步而已。如果不以社会整体知识为基础，无论是谁都无法发明新技术。

最终，我们所命名的"资本品"也是以共同知识为基础的。工具、运输设施、原材料、建筑物、下水道、土地、生产设备等也可以称为资本品。在初期资本主义时代，在资本品中，占据重要比重的有矿物、植物、动物等。而这些之所以能够被用作是经济性财物，是因为人类存在着共同积累的知识。从原始时代开始，人们所长期积累的对自然理解的知识以及使用知识的方法、手段为资本主义初期对矿物、植物、动物的有效利用提供了基础。资本品中重要的生产设备也可以看作是人类长期劳动所积累的技术性成果。

因此,如果不利用人类共同的无形资产,就很难通过资本家所拥有的资本品来创造经济价值。特别是属于资本品的原料、生产设备,如果不投入劳动,就无法产出价值。

因此,拥有资本品的企业家将获得许多生产利益。而这与其所拥有的资本品的有用性无关,只是因为企业家拥有着对行使公司生产物的所有权的不正当权限,所以他能够占据利润的相当大一部分。我们常常会被问到"谁是公司的主人"这样的问题,对此,如果回答为"所有公司职员都是公司的主人",我们便会感到一阵厌烦。事实上,对于公司的所有权掌握在老板手里以及老板拥有着许多利益的事实,我们都心照不宣。

资本家是如何赚钱的

而我们认可资本家能够获得更多利润的理由中，不仅包括资本家对资本品的所有权，还源于我们认为资本家正在承担着"经营"这一重要活动的想法。资本家为了使公司的产品销售得更好，制定营销战略并与广告公司通宵开会；为了打开销路，甚至去国外出差。除此之外，我们还相信资本家负责着劳动者所看不到的工作。资本家还承担着直接对工厂设备进行检查，对需要的设备进行规划等重要工作。

就像我们在电视中看到的那样，企业家以生产活动为主要业务。在现代产业社会，企业家们主要从事并参加能够维持自身利益以及交换情报的社交聚会、查看管理者整理好的报告、作为有闲阶级的炫耀性旅行等。

我们对作为经营者的企业家也从事生产性活动产生误会的原因是因为我们在脑海中描绘了在资本主义初期手工业体制中企业家的作用。让我们回想一下在资本主义初期,欧洲小规模手工业体系下的工厂通过商业性手腕成长为大公司的事例。拥有着10名左右的技术人员并直接参加生产的工匠,随着商品订单数量的增加,在管理工厂的同时,也扮演着商人的角色,甚至还参加市场营销活动设计。渐渐地,制作商品、负责着市场销路的匠人逐渐担任起企业工厂的主人这一角色。虽然将生产过程、销售过程、购买原材料的过程进行分化,并且寻找负责人来扮演每个过程相对应的角色,但是在这所有过程中，商人并没有撒手不管。

随着商品的交易量越多，公司老板比起管理工厂，更多起到的是作为商人销售商品的作用。当产生需要进行更长时间、更远距离的交易时，负责这些业务的公司老板也就渐渐远离直接参与生产过程的工作。物品的处理运输、销售和购买等工作都由承包人或管理人进行管理，虽然并不直接由公司老板经手，但是，这一过程仍在他的所有权之下，于是，商人就从"流浪的商人"身份转变为了"商人君主"。交易这一职能属于"营利企业活动"，而不属于产业性职能。当时的商人们一直与自己所经营的交易保持着紧密的联系，这与提供该商品的生产性产业也是相同的。像这样，商业性投资具备了商业性企业活动的性质，并且确立了即使不参与生产活动，通过商业性投资也能拥有对所经营的所有商品和设备的所有权。

特别是在像今天这样流通、原材料供给、生产、管理、贸易全过程大规模进行的社会，公司老板不会直接参与整个过程，相反，即使公司老板不具备对整个过程的专业知识，但是只要聘用有能力的管理者，也可以使整个过程顺利进行。

对于这种没有对生产过程产生贡献，但是却拥有着生产过程以及由生产物带来的收益的所有权的现象，凡勃伦把它称为"缺席所有权"（absentee ownership）。从不参与生产过程却认可其所有权这一方面来看，这违背了洛克所主张的所有权，就像中世纪欧洲的庄园地主一样，他们虽然没有参与生产活动，但是却主张拥有对土地的所有权，并且享有其产物所带来的利益。如果说这是"缺席地主"的话，那么现代企业家们就是"缺席拥有者"。

这就是凡勃伦主张企业家是现代社会的有闲阶级的原因，资本家、企业家是通过非生产性活动来展示自身力量的有闲阶级。他们对自己的营利活动倾尽全力，并且当生产活动有助于营利活动时，就会对其倾注关心。当然从致力于营利活动这一点来看，他们虽然不像以前的有闲阶级那样悠闲，但是从不以生产性活动为目的这一点来看，他们仍属于从事非生产性活动的阶级。另外，他们追求金钱性利益的目的也是为了通过展示财富来获得名誉，而这也是有闲阶级的特性。因此他们也投入到炫耀性竞争中去，并且不断区分彼此财富的优劣程度。

在本章的开头，我曾经让大家思考对于遗

产税的看法，现在大家是如何看待这一问题的呢？所谓遗产税制度，是指无论在哪个时代，财产都不是完全通过努力来实现的，对财产的所有权是具有掠夺性的，其所拥有的财富通过继承而不断世袭。因此，遗产税限制了不通过努力就能获得的收入，也让我们意识到在我们的社会中，财富世袭并不是理所应当的制度。

本章主要介绍了由于资本家、企业家的营利活动与产业活动不同，因此他们的营利活动与社会利益没有关系，他们所拥有的资本品的非有用性。在下一章，我将为大家说明有闲阶级制度的衰退，当有闲阶级制度与社会发展产生冲突时，就会向新的方向发生变化，这样一来有闲阶级制度就必然会衰退，并且企业家、资本家的命运也会因此发生改变。

扩展知识

暴涨的油价背后隐藏着资本的贪欲

2012年,国际油价继续攀升,韩国的油价已经突破了每升2000韩元的大关。美国每加仑(3.8升)油价超过4美元,即将逼近5美元,人们对国际油价急剧上涨的背景十分关注。除了包括伊朗事态在内的中东局势以及发展中国家经济规模扩大带来的需求增加这些基本上升因素之外,难道就没有其他导致油价上涨的主犯吗?

汽油价格不遵循需求供给法则吗

"虽然战争会对经济产生影响,但传闻说战争对炼油企业有利"。《华尔街日报》引用2012年3月拜伦·金(Byron Kim)主编的话进行了报道。据《华尔街日报》报道:"这种传闻使价格迅速上涨,特别是(即使只是暂时的)霍尔木兹海峡封锁的威胁使其价格进一步上涨。"

另外,《赫芬顿邮报》[①](2日版)报道:"不管这些因素是否属实,如果出现对沙特阿拉伯等石油生产国家的负面传闻,那么不用等待事实确认,石油价格就会立即暴涨,而这是油价暴涨的最大原因之一。"《晨星报》[②]的经济主编

---

① 赫芬顿邮报:是一个美国多语言网络传媒。——编者注
② 晨星报:原名《工人日报》,英国日报。——编者注

鲍勃·约翰逊（Bob Johnson）也表示："最具破坏性的不是（上涨的）油价，而是消费者对油价的恐惧。"

炼油企业通过利用消费者的这种不安心理来传播恐惧，进而填饱自己的肚子。特别是，即使炼油企业以10美元的价格引进原油，但是如果以12美元的价格卖给消费者，并且致力于最大限度地追求利润和防止损失，那么，这也会导致油价上涨。像这样，在油价上涨的过程中需求和供给法则完全不适用。

国际原油价格上涨的主犯——华尔街的贪欲

更糟糕的是华尔街的投机资本的加入，这使得情况进一步恶化。美国佛蒙特州的联邦参议院议员伯尼·桑德斯（Bernie Sanders）在写给美国有线电视新闻网（CNN）的文章中表示："在过去10年间，利润超过1万亿美元的炼油企业和华尔街的黑色投资者是使油价上涨的主犯"。文中这样写道：在10年前投资者对原油市场占有率不到30%，现在竟高达80%。他们以投机为目的，对国际原油市场进行操控。然而，他们并不是需要原油的炼油企业或是航空企业，他们只是为了获得利益而大量囤积原油，并通过调整市场行情来获得巨大的差价。在2008年的油价暴涨时期，每桶石油有40美元以上的金额都归这些囤积资本者所有。

最终，华尔街的国际投机资本家没有对风险或收益性进行逻辑性的评价，而只是预测对自己有利的方向并进行投资。他们通过刺激人们的不安心理以及散布"谣言"来获得巨大的收益。

讨论会

今天讨论的主题是"企业的目的"。企业活动会对社会整体产生什么样的影响呢?

企业家的活动当然会对我们社会有利。因为企业家们制造并提供了优质的商品。

哦吼,企业的营利活动和产业活动应该严格分开。他们想以最低的投资获取最大的利益,于是减少供应量并提高价格,从中牟利。这也算做贡献吗?

让我们来看看这个视频。

企业家们虽然完全不参与生产活动,但是却利用所有权维持有闲阶级的生活,不是吗?

企业家们虽然没有从事生产活动,但是却继续占据着巨额财富,这难道就是社会利益吗?

请大家想想,这种现象正常吗?

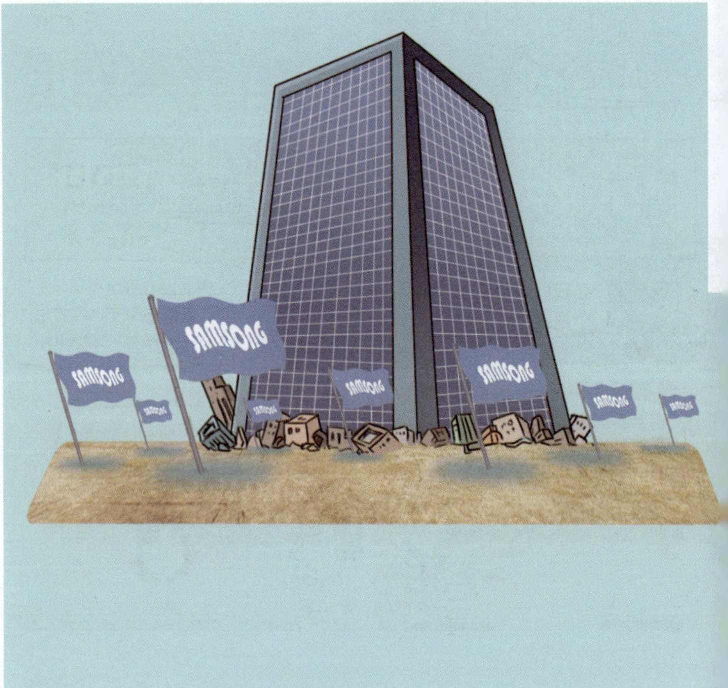
SAMSONG
SAMSONG
SAMSONG

第五章

有闲阶级会永远存在吗

虽然有闲阶级不从事生产活动,但是他们却具有调控生产活动的权利。虽然调控生产能够带给有闲阶级利益,但是,这也有可能会妨碍生产活动的发展。生产活动的调节会对有闲阶级产生什么样的影响呢?让我们来看一看吧。

压制产业效率性的资本家

比凡勃伦先批判资本主义的马克思主张"资本家为了使自己获益来发展生产性"。资本家们总是被价格竞争所困扰,因此他们总是努力提高生产率来提高利润。最后就会出现资本家以大于市场期望的状态进行供给生产,出现"非生产性"的结果。

但是,在凡勃伦看来,资本家是有意妨碍产业效率性的。让我们来回想一下前面所讲过的福特汽车的事例吧。福特汽车的创始人通过传送带运输系统，使得工人在短时间内可以大量地生产汽车。但是，随着时间的推移，愿意购买价格相对低廉的福特汽车的消费者人数渐渐趋于饱和，那么，福特汽车的价格就会下降。这时，福特汽车公司就会选择降低生产量并解雇劳动者来应对这一情况。占据市场优势的公司通过调控产量来避免汽车价格下跌，不仅如此，为了使消费者将汽车视作炫耀自己财富的手段，汽车公司还将通过广告来刺激消费者的购买欲望。如果消费者在汽车寿命耗尽之前，不购买新的汽车，那么企业家的净利润就会下降。在消费者还清24个月分期贷款之前，以高价推出新产品，并且将汽车的价格提高到人们能够接受的汽车得以售出的价格，那么企业家的利益就可以得到保障。

> 在影响供给的各种因素中，除了价格之外，其他因素如生产费、技术水平、企业目标等也会导致供给发生变化，这就是供给的变化。

这种现象不仅局限于汽车企业家。企业家在经营企业时，经常会通过提高价格来增加净利润。因此，最好的办法就是减少供给。如果只供应在市场上能够消化的商品，那么即使商品价格昂贵，消费者也会购买。

但是，如果在市场中存在着许多家企业相互竞争的话，那么，此时就无法按照商家的意愿提供少量的商品，并以高价出售。如果其他企业提高供给量，并且以更加便宜的价格售卖商品的话，那么生产少量商品并且以高价出售的企业的商品就无法卖出去，因此企业们会尽可能地垄断市场，并且通过垄断性地位来获得利润。在现代，已经有少数企业垄断了市场，同时这些企业可以通过这种行为保障自己的利益。

在少数企业垄断市场的情况下，企业只需要让消费者专注于自家推出的商品就可以了。在这时，企业通过"广告"这种重要手段进行宣传。企业不停地上市新产品，并且渐渐上调商品价格。但是，如果消费者已经对所拥有的商品感到满足，就不会在短时间内再购入新产品。因此，此时，企业应该通过广告宣传新洗衣机、汽车、手机、笔记本电脑、运动鞋，并强调新产品比现在消费者已经拥有的产品更具有稀缺价值这一卖点，以此来满足消费者的展示欲。而能够在最短的时间内向更多的人展示新产品的手段就是电视广告。

如今广告的形态变得越来越多样。比如，通过电视剧、电影、表演节目等来进行宣传。最近，许多商品以电视剧道具的形态和出演电视剧的演员一起登场。例如，演员代言的化妆品在电视中清晰地出现；在演员代言的冰箱前，演员朗诵着长长的台词等。在电视剧中登场的饮料、家具、汽车、服装等间接地发挥了广告效果。像这样的市场营销战略叫作植入式广告（product placement）。所谓植入式广告是指除了直接对品牌进行宣传之外，还间接地将品牌的形象和名称展示给大众，并以此来宣传产品的方式。

这种在收视率高的电视剧中插入企业的商品间接地进行宣传的手段，也体现了企业的能力。为了发挥这种能力，企业会对电视剧制

作方进行投资赞助。实际上，比起致力于投资设备以实现产品高质量化，企业更倾向于对模特、电视剧或电影进行投资以及通过广告进行营销等。

企业家们为了使自身利益进一步提高，就会选择将产物的价格维持在较高的水准，并且偶尔会降低生产速度或中断生产。企业家为了赢利，比起最大限度地提高生产技术，常常会以更低的生产技术进行生产活动，而这种控制手段得以实行的原因是因为少数企业垄断了市场，避免了过多的竞争。

最终，企业会减少生产性投资的比重，而消费者为了不断消费质量上没有太大差别的新产品，就会不断进行浪费性非生产性的经济活动。这就是现代资本家企业家集团仍然被归类于非生产性有闲阶级的原因。

售卖公司的形象

像这样，与其说是生产性产业活动带给资本家利益，不如说是由于资本家拥有着控制其生产过程的权利，即使推迟或控制生产活动，也能够保证其在市场上得到的利益,并掌握在市场上的话语权。垄断地位和特权等强大的力量对于企业家来说,扮演着"实际资产"的角色,凡勃伦将其命名为"无形资产"。

那么这样的无形资产指的是什么呢?它在资本家追求利润的过程中扮演着什么样的角色呢?

我们前面所提到的"资本品(原材料、设备等)"可以说是具备形态的有形资产。不是只有具备具体形态的机械装备或是建筑物等有形资产才可以对企业创造巨大收益产生贡献,一个企业必然具备着许多与其他竞争者相比,能够获得更多收益的现实关系。这有可能是企业良好的形象,也有可能是占据着制度上有利的地位。这些从带给企业实质性利益的角度上来说，也可以视为是一种资产，这种资产叫作"无形资产"。

最具有代表性的无形资产就是在市场中的垄断地位。例如，在韩国的汽车市场中，占据最有利地位的现代汽车；在电子市场中的三星电子以及LG电子等企业拥有着良好的企业形象，而这种形象成了消费者选择这些企业的商品的无形资产。像开发甲型H1N1疫苗的制药公司，拥有着决定国民健康的疫苗技术专利权，而这种垄断技术也可以称之为无形资产。因此，比起生产疫苗的设备这种有形资产，专利权这一无形资产对制药公司反而更为重要。

特别是在像今天这样的股份制公司中，比起有形资产的价值，拥有无形资产的价值更为重要。例如，人们所关心的"股票市场"。原本的股份制公司是将该公司所拥有的项目视为资产进行价值评估并分给股东。也就是说，将企业的有形价值分割开来，并分享企业所有权。但是，在如今的所有权以有价证券在股市上买卖的情况下，公司的资本价值并不仅意味着公司拥有的工厂设备等有形资产的价值。所谓公司的资本价值，是指现在立即买入这个公司能够获得多少价值，即公司的整体价值。当公司的价值以股票的形式进入市场时，股票的市场价值则由企业的总价值决定。

但是，当评估一家企业的价值时，比起以这个企业现在所拥有的像资本品一样的有形价值为基准，未来这个企业能够创造出多少的收益才是更重要的。到目前为止，生产性虽然是评估一家企业的标准，但在购买该企业的股票时，则是将该企业今后创造的收益趋势换算成现在的价值为依据，来确定股票价格的。

像这样，买卖企业无形资产价值的市场就是金融资本市场。金融资本市场和商品市场有着很大的差异。在商品市场中，虽然存在着中间商，但是最终购买商品的人的目的是"消费"。然而在金融资本市场中，最终进行协商的人购买资本的目的是为了在将来获得利润。也就是说，买家提前购买资本的目的是以后能够转卖资本，并且如今购买的资本在将来能够带来可观的收益。

就像在商品市场中存在垄断一样，在资本市场中也存在着这样的操纵角色，即"投资银行"。企业巨头或大规模金融资本决定将哪些企业作为售品出售并进行交易，他们与在商品

> 判定一家企业价值的标准不是唯一的。

未来的可能性　政府的经济支撑　有形资产　民众情绪

企业的价值

市场中资本家为了提高自身利益来调控商品的数量和价格一样,这些企业巨头或大规模金融资本家们为了使企业的资本价值提高和创造交易条件会进行一系列的操控行为。

金融资本之所以操作资本价值,是为了

在买卖企业的过程中获得更多的差额。因为只有在出售商品的企业资本价值下降时买入资本，在其价值提高时售出，并多次重复这个过程，金融资本家才能持续积累自己的资本。同时，通过操纵企业的价值来累积利益的金融资本家，将积累的货币重新贷款给企业来获得对股份公司的操控力和影响力。

随着金融资本操控企业的价值评估，其在如今的企业的营利活动中发挥着最大影响力的，不是生产商品的能力，而是无形资产的价值观念得到认可。而这导致金融资本和企业的营利活动与产业活动渐行渐远。

阻挡社会进化的有闲阶级

如今的产业体系是包括多种多样相关工业

生产流程的组织体系。所有的机械之间、产业体之间存在着依存性的关系。因此，在这样的产业体系中，产业的专家及生产技术人员之间的合作是非常重要的，他们直接决定着生产的战略并执行着监督各种具体生产战术的任务。

当这些合作顺利进行时，生产技术状态就会得到发展，而这将会对文明社会的发展做出贡献。因此，为了使文明社会得到发展，具备训练和洞察力的技术专家应该拥有与自己的私人利益无关的，能够自由处理物质性资源、工具、人力等的权限。

在产业社会初期，工业产业发展的期间，产业专家和商业经营者之间并没有明确的划分。在当时，即使是没有经受过特别技术训练的企业家，如果具备着一定程度的知识，也可以来监督整体性工作。但是，从产业社会发展初期开始，设计以及经营生产过程的人，与涉及经营商业交易的人明显处于不同的位置。负责商业交易的经营者占据着更有利的地位。尽管如此，在当时总管生产过程的技术专家还是拥有着负责生产过程的权限，当然出于商业性原因，决定做多少工作、生产什么种类的商品则是由经营者负责的。

渐渐地，随着时间的推移，技术大规模地向更广阔的范围扩张，并且生产过程也日益专业化。随着生产技术水平日益提高，这就要求产业技术人员需要拥有更高的熟练度，并且对产业技术人员的专业性的依存度也日益提高。但是，与此同时，经营者们不断远离技术性问题，并且对于技术性方面的知识日益匮乏。此外，经营者们不想完全依赖于技术专家的倾向也越来越高。对于经营者来说，技术人员是使自身能够获得利益的不可或缺的存在，但是对专业人员的需求要到什么程度？经营者们总是犹豫不决，无法做出判断。到底接受这些技术人员们的意见到什么程度？聘用多少技术人员？企业根据他们的意见进行技术性投资投入更多的营销费用，是否会对营利活动更有益？最终，在这期间技术专家的意见，将以文件的形式堆积在经营管理者的桌子上。而这种犹豫的结果则会导致生产材料被非经济性地使用，生产工具和人力被浪费。像这样，就会导致人类的共同财产——"生产技术的状态"，将难以再得到发展。

无论是古典派经济学家还是新古典派经济

学家都将市场看作是一种事物，并相信市场内运作的经济原理就像事物内部运作的物理法则一样固定和永恒。在市场经济中，需求和供给的原理决定着商品价格。企业的生产过程被控制，消费者的消费行为也被控制，并且只要地球上存在市场，这种市场原理就不会改变。这种主张认为，在任何时代，市场都是具备独立性的经济场所，并且经济活动的基本原理不会改变。

但是，人类的经济活动常常受社会制度的影响。从原始社会到今天，在有闲阶级制度下的经济活动是以属于少数特权阶级的有闲阶级的炫耀性消费和模仿有闲阶级炫耀性消费的其他阶级的消费行为为中心而展开的。其中，原始经济活动是掠夺性的，经济活动历经了从农业经济到手工业经济，最终转化为现代的工业产业经济体制的过程。这种经济体制的变化过程，伴随着"产业技术状态"的发展。

但是，有闲阶级的炫耀性行为也曾有过促进时代发展的情况。在原始社会，猎人面对难以预测的状况，用自己的谋略来制订计划发挥了符合自身目的的捕获能力。像这样的能力就是"应对本能"。这是一种在特定情况下，比起被动性地接受，主动性地开拓应对的能力。而这可以成为人类和制度进化的原动力。长期以来，有闲阶级被认为是可以发挥"应对本能"的阶级，并成为受到尊敬的对象。

但是，免于从事生产性活动的有闲阶级渐渐地丧失了"应对本能"，他们变得浪费和热衷于消费。无能的有闲阶级在资本主义社会之前，完全不参与生产活动，只顾着牟取利益。然而，在今天，这样的有闲阶级其实并不具备对于生产活动的专业知识，为了使自身获得利益，他们反而妨碍了生产活动。

有闲阶级无论如何强化自身对社会的支配能力，社会制度的发展也只能与相应社会下的生产力提高顺势而行。随着各个阶段的社会生产力状态发生变化，阻碍其发展的非生产性阶级只能没落。因此，当有闲阶级制度与社会生产力发展激烈对立时，有闲阶级制度只能选择向其他制度进行转化。像这样，随着制度的变化，受制度影响的经济活动也会具备不同的性质。

如今的产业体系是包括多种多样的相关工业生产流程的组织体系。
商品太多了，应该减少生产，还有，你们被解雇了。
问题是，不具备生产力的企业家却有着控制生产活动的力量。
看看，即使没有多少产品，也能以高价卖出。
商家
只追求利润的企业家，最终会妨碍生产活动。
对于现代的企业家来说，比商品生产更重要的是看不见的资产。
知名品牌的产品绝对可以放心购买！
GL
这种产品要这个价钱才能买到？很不值……
有闲阶级之所以能够享受财富，是因为生产力的提高。
从原始社会开始的有闲阶级随着社会生产力的发展，其地位将受到威胁。那么，未来的经济活动将会变成什么样呢？
生产力发展

结语

对富人的羡慕,被冷落的大多数人

在现代社会中存在着许多不断消费、浪费,却无法感受到满足的人,他们即使开着最贵的汽车也会陷入不安,并且陷入"会不会有人拥有比我所拥有的商品还要更昂贵的商品呢?"的怀疑中。那么现代人的不安感究竟来自哪里呢?

凡勃伦认为这种不安感来自"消费并不是为了满足自身需要",而是"为了向别人展示自身"所导致的。通过消费其他人无法轻易得到的商品来展示自身的名誉的少数上流阶层的炫耀性消费行为，就像是规范一样扩散到了所有阶层。

模仿炫耀性消费的人的心理之下，实则是对富人的羡慕和尊敬。富有的人、企业家、资本家、上流阶层所拥有的炫耀性休闲就是他们所追求的东西。

请问大家："富人是否值得尊敬呢？"

对此，凡勃伦认为"所谓富人是指擅长野蛮性掠夺的存在，并且他们所积累的财富与社会发展没有任何关系。"

凡勃伦认为在富人资本主义社会中，取得成功的资本家们积累财富的过程是完全不公平的。在19世纪末至20世纪初，美国的大资本家们就是通过这样的掠夺性垄断来积累财富的。不仅是在19世纪末至20世纪初的美国，即使是在当今社会中，与社会发展无关、富人自私地积累财富的行为也到处可见。有些经济学家认为"资本家追求自身利益是合理的。在他追求利益的过程中，自然而然对社会发展做出贡献。"但是我认为，我们正生活在少数的富人变得更加富有，而大多数人变得更加贫穷的两极分化的社会中。

但是，问题在于贫穷的人没有合理分析自身贫穷的原因，而是不理性地模仿富人的行为，想要变得和他们相似。而这种购买奢侈品来炫耀自身财富的富人们的不合理行为，反而在不知不觉间成了人们所羡慕的对象。例如，每月薪水很低的普通职员，通过分期付款来购买价值自己两个月薪水的名牌包，购买即使工作一年也难以偿还的高级车。无论是购买名牌包，还是购买高级车的行为，并不是由于这些商品具备其实际价值，而是他们想模仿富人的行为来追求虚假的价值。

羡慕富人的心理会导致富人野蛮的财富积累行为变得合理化，无论积累财富的过程是怎么样的，富人作为社会上成功的人士，成了为人所羡慕又尊敬的对象。与此同时，掠夺性的财富积累行为成为成功的凭证，并受到人们心理上的拥护。这就导致了不富有就意味着失败，并被看作是不体面的存在。

像这样，对富人非合理性的崇拜，就会导致认真从事生产活动的劳动者、农民、技术人员，甚至专家对富人投以羡慕的目光。人类社会从未开化的社会开始到今天,都存在着轻视曾经负责生产的社会主人公的错误历史。在专门负责生产的奴隶被当作是物品的未开化时代,在轻视唯一负责生产活动的农民的中世纪社会,他们却是支撑社会的重要生产主体。

今天亦是如此。生产活动的主体——工人、技术人员、专家被看作是被企业家们操控的存在,而不是社会尊敬的对象。而受到社会尊敬的仍然是积累了财富的企业家们。富人们通过各种游说活动、非法性逃税、不正当的解雇等企业不道德的财富积累过程,仍然享受着来自社会的尊敬。而很多人比起批判富人,反而会模仿他们,并且想要拥有和他们一样的生活,并贬低自己的处境。

从这种意义上来看,我们是否仍然活在野

蛮时代呢，大多数的生产主体对富人的非道德性行为并不感到愤怒也不进行批判，更无法进行牵制。

凡勃伦与当时的主流经济学家们不同。他揭露了支配社会的上流阶层的不合理面貌，并且对上流阶层的经济支配力以及社会心理支配力进行了缜密的分析。这就是凡勃伦和为上流阶层的合理性辩护的其他主流经济学家的不同之处，他脱离了主流观点来批判分析了我们的社会。而我们如今所面临的课题是如何摆脱我们自己对上流阶层的妄想并具备批判社会的态度。